AF204596

STARK

Abitur*Skript*

Mathematik

FOS · BOS 12 Nichttechnik

Fachabitur Bayern ab 2019

STARK

Bildnachweis
S. 51: © Can Stock Photo Inc./gruml
S. 77: © Fabricio Simeoni De Sousa/Dreamstime.com

© 2025 STARK Verlag GmbH, Claudius-Keller-Str. 3c, 81669 München, info@stark-verlag.de
www.stark-verlag.de
1. Auflage 2019

Inhalt

Analysis

1 Ganzrationale Funktionen **1**
1.1 Quadratische Gleichungen 1
1.2 Quadratische Funktionen 1
1.3 Quadratische Ungleichungen 3
1.4 Quadratische Funktionen mit Parameter 5
1.5 Ganzrationale Funktionen 3. und 4. Grades 7

2 Differenzieren reeller Funktionen **13**
2.1 Die Ableitung einer Funktion 13
2.2 Ableitungsregeln 14
2.3 Tangentengleichung 15

3 Elemente der Kurvendiskussion **16**
3.1 Maximale Monotonieintervalle 16
3.2 Punkte mit waagrechter Tangente 17
3.3 Extrempunkte 20
3.4 Maximale Krümmungsintervalle 22
3.5 Wendepunkte 24
3.6 Aufstellen von Funktionstermen („Steckbriefaufgaben") 27
3.7 Optimierungsprobleme und Anwendungsaufgaben
    (Extremwertaufgaben) 29

4 Exponentialfunktionen und Logarithmen **32**
4.1 Exponentialgleichungen 32
4.2 Exponentialfunktionen 33
4.3 Kurvendiskussion mit Exponentialfunktionen 35
4.4 Exponentielle Zunahme und Abnahme 38

5 Integralrechnung **40**
5.1 Stammfunktion und unbestimmtes Integral 40
5.2 Bestimmtes Integral und Flächenberechnung 42

Stochastik

1 Zufallsexperimente **46**
1.1 Ergebnisse und Ergebnisraum 46
1.2 Ereignisse 47
1.3 Verknüpfungen von zwei Ereignissen 48

2 Wahrscheinlichkeit **50**
2.1 Der Wahrscheinlichkeitsbegriff 50
2.2 Laplace-Experiment 51
2.3 Baumdiagramm und Pfadregeln 51
2.4 Vierfeldertafel der Wahrscheinlichkeiten 54
2.5 Bedingte Wahrscheinlichkeit 56
2.6 Stochastische Unabhängigkeit 58

3 Kombinatorik **59**
3.1 Allgemeines Zählprinzip 59
3.2 Binomialkoeffizient 60

4 Bernoulli-Ketten **62**

5 Zufallsgrößen **65**
5.1 Zufallsgröße und Wahrscheinlichkeitsverteilung 65
5.2 Maßzahlen einer Zufallsgröße 67
5.3 Binomialverteilte Zufallsgrößen 69

6 Testen von Hypothesen **73**

Stichwortverzeichnis **79**

Autor: Friedrich Schmidt

Vorwort

Liebe Schülerin, lieber Schüler,

dieses handliche Buch bietet Ihnen einen Leitfaden zu allen wesentlichen Inhalten, die Sie im Mathematik-Fachabitur in den nichttechnischen Ausbildungsrichtungen benötigen. Es führt Sie systematisch durch den Fachabiturstoff der Prüfungsgebiete Analysis und Stochastik und begleitet Sie somit optimal bei Ihrer Vorbereitung auf das Fachabitur. Durch seinen klar strukturierten Aufbau eignet sich dieses Buch besonders zur Auffrischung und Wiederholung des Prüfungsstoffs kurz vor dem Fachabitur.

- **Definitionen** und **Regeln** sind durch einen grauen Balken am Rand gekennzeichnet, wichtige **Begriffe** sind durch Fettdruck hervorgehoben.

- An relevanten Stellen wird auf die **Merkhilfe**, die Ihnen als Erinnerungsstütze im Fachabitur dient, verwiesen.

- Zahlreiche **Abbildungen** veranschaulichen den jeweiligen Lerninhalt.

- Charakteristische und prägnante **Beispiele** verdeutlichen die Theorie. Sie sind durch das Symbol 💡 gekennzeichnet.

- Zu typischen Grundaufgaben wird die **Vorgehensweise** schrittweise beschrieben.

- Die getrennten **Stichwortverzeichnisse** zur Analysis bzw. Stochastik führen schnell und treffsicher zum jeweiligen Stoffinhalt.

Viel Erfolg bei der Fachabiturprüfung!

Friedrich Schmidt

Friedrich Schmidt

Die offiziellen Prüfungsaufgaben der letzten Jahre mit vollständigen Lösungen enthält das Buch „Abiturprüfung FOS/BOS Bayern, Mathematik Nichttechnik 12. Klasse" (Bestell-Nr. 92510).

Analysis

1 Ganzrationale Funktionen

1.1 Quadratische Gleichungen

Lösungsformel

Für die Lösungen der quadratischen Gleichung $ax^2 + bx + c = 0$ mit
$a, b, c \in \mathbb{R}$ und $a \neq 0$ gilt (vgl. Merkhilfe):

$$x_{1,2} = \frac{-b \pm \sqrt{b^2 - 4ac}}{2a}$$

Der Term $D = b^2 - 4ac$ heißt **Diskriminante** der quadratischen Gleichung. Die Lösungsmenge einer quadratischen Gleichung hängt von
dem Vorzeichen und dem Wert der Diskriminante ab:

- $D > 0$: Die Gleichung hat zwei verschiedene reelle Lösungen.
- $D = 0$: Die Gleichung hat eine doppelte reelle Lösung.
- $D < 0$: Die Gleichung hat keine reelle Lösung.

1.2 Quadratische Funktionen

Funktionen der Form $f: x \mapsto ax^2 + bx + c$ mit den Koeffizienten $a, b,$
$c \in \mathbb{R}$, $a \neq 0$ und $D_f = \mathbb{R}$ heißen **quadratische Funktionen** (ganzrationale Funktionen 2. Grades). Der Graph G_f einer quadratischen Funk-
tion f ist eine **Parabel** mit dem Formfaktor a.

Symmetrieverhalten quadratischer Funktionen

Jede Parabel ist achsensymmetrisch zu der zur y-Achse parallelen
Geraden, die durch den Scheitelpunkt S verläuft. Ist $b = 0$, dann gilt
$f(x) = f(-x)$ und die Parabel ist achsensymmetrisch zur y-Achse. Der
Scheitelpunkt einer solchen Parabel liegt auf der y-Achse.

Nullstellenbestimmung quadratischer Funktionen

Zur Bestimmung der Nullstellen einer quadratischen Funktion f setzt man den Funktionsterm gleich null. Man erhält eine quadratische Gleichung, die man mithilfe der Lösungsformel löst (vgl. Abschnitt 1.1). Es treten drei mögliche Fälle auf:

- f hat zwei verschiedene Nullstellen x_1 und x_2, G_f schneidet die x-Achse zweimal.
- f hat eine doppelte Nullstelle $x_{1,2} = x_S$ (Scheitelpunktstelle), G_f berührt die x-Achse.
- f hat keine Nullstelle, G_f schneidet die x-Achse nicht.

Zerlegungssatz (Linearfaktorzerlegung)

(1) Jede quadratische Funktion $f(x) = ax^2 + bx + c$ mit den reellen Nullstellen x_1 und x_2 besitzt die **Linearfaktorform (Linearfaktorzerlegung)** $f(x) = a(x - x_1)(x - x_2)$. Die Faktoren $(x - x_1)$ und $(x - x_2)$ heißen Linearfaktoren des quadratischen Funktionsterms.

(2) Hat die quadratische Funktion f eine doppelte Nullstelle $x_{1,2} = x_S$, dann gilt für die Linearfaktorzerlegung: $f(x) = a(x - x_S)^2$

(3) Besitzt die Funktion f keine Nullstelle, dann kann der Funktionsterm $ax^2 + bx + c$ nicht in Linearfaktoren zerlegt werden.

 Bestimmen Sie die Nullstellen der Funktion $p(x) = x^2 + 3x + 1$, $x \in \mathbb{R}$. Geben Sie dann die Linearfaktorzerlegung von p an.

$p(x) = 0 \iff x^2 + 3x + 1 = 0$

Diskriminante der quadratischen Gleichung:

$D = 3^2 - 4 \cdot 1 \cdot 1 \iff D = 9 - 4 = 5 > 0 \implies x_{1,2} = \dfrac{-3 \pm \sqrt{5}}{2}$

Die Funktion p hat die Nullstellen:

$x_1 = -\dfrac{3}{2} - \dfrac{1}{2}\sqrt{5} \approx -2,6$

$x_2 = -\dfrac{3}{2} + \dfrac{1}{2}\sqrt{5} \approx -0,4$

Linearfaktorzerlegung von p:

$p(x) = \left(x + \dfrac{3}{2} + \dfrac{1}{2}\sqrt{5}\right)\left(x + \dfrac{3}{2} - \dfrac{1}{2}\sqrt{5}\right)$

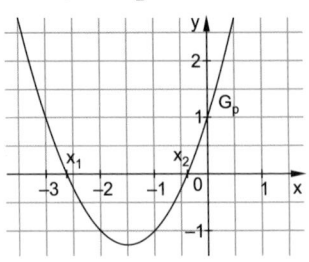

1.3 Quadratische Ungleichungen

Quadratische Ungleichungen der Form $ax^2 + bx + c > 0$ bzw. $ax^2 + bx + c < 0$ nennt man **Nullform**.

Falls der Leitkoeffizient $a \neq 1$ ist, kann durch Division der Ungleichung durch a die sogenannte **Normalform** hergestellt werden:

$$x^2 + \frac{b}{a}x + \frac{c}{a} > 0 \quad \text{bzw.} \quad x^2 + \frac{b}{a}x + \frac{c}{a} < 0$$

Lösen durch Fallunterscheidung (Vorzeichenuntersuchung)

Die Methode der Vorzeichenuntersuchung setzt voraus, dass sich der quadratische Term in Linearfaktoren zerlegen lässt.

Vorgehensweise

Schritt 1: Herstellen der Normalform der quadratischen Ungleichung.

Schritt 2: Ermitteln der Lösungen x_1 und x_2 der zugehörigen quadratischen Gleichung.

Schritt 3: Herstellen einer faktorisierten Form (Linearfaktorform) führt auf eine Produktungleichung $(x - x_1)(x - x_2) > 0$ bzw. $(x - x_1)(x - x_2) < 0$.

Schritt 4: Durchführen der Fallunterscheidung entsprechend der folgenden Zerlegung:

$a \cdot b > 0 \quad \Leftrightarrow \quad (a > 0 \wedge b > 0) \vee (a < 0 \wedge b < 0)$

(Ein Produkt ist genau dann größer als null, wenn entweder beide Faktoren größer als null sind oder beide Faktoren kleiner als null sind.) bzw.

$a \cdot b < 0 \quad \Leftrightarrow \quad (a > 0 \wedge b < 0) \vee (a < 0 \wedge b > 0)$

(Ein Produkt ist genau dann kleiner als null, wenn jeweils ein Faktor größer als null und der andere Faktor kleiner als null ist.)

Schritt 5: Auflösen der auftretenden linearen Ungleichungen nach x und Angeben der Teillösungsmengen L_1 und L_2.

Schritt 6: Die Vereinigung der Teillösungsmengen ergibt die Gesamtlösungsmenge L der quadratischen Ungleichung.

$\frac{1}{2}x^2 - 2x + \frac{3}{2} < 0$

Schritt 1:

$\frac{1}{2}x^2 - 2x + \frac{3}{2} < 0 \iff x^2 - 4x + 3 < 0$ (Normalform)

Schritt 2:

$x^2 - 4x + 3 = 0$

Diskriminante D der quadratischen Gleichung:

$D = (-4)^2 - 4 \cdot 1 \cdot 3 \iff$

$D = 16 - 12 = 4 > 0$

$x_{1,2} = \frac{4 \pm 2}{2} \implies x_1 = 3; x_2 = 1$

Schritt 3:

$(x-3)(x-1) < 0$

Schritt 4:

$(x-3 > 0 \ \wedge \ x-1 < 0) \vee (x-3 < 0 \ \wedge \ x-1 > 0)$

Schritt 5:

$(x > 3 \ \wedge \ x < 1) \vee (x < 3 \ \wedge \ x > 1)$

$\qquad L_1 = \{\ \} \qquad\qquad L_2 =]1; 3[$

Schritt 6:

$L = L_1 \cup L_2 =]1; 3[$

Grafische Lösungsmethode (Parabelmethode)

Die grafische Methode ist bei allen quadratischen Ungleichungen anwendbar.

Vorgehensweise

Schritt 1: Herstellen einer Nullform $ax^2 + bx + c > 0$ bzw. $ax^2 + bx + c < 0$ der quadratischen Ungleichung.

Schritt 2: Ermitteln der Lösungen der zugehörigen quadratischen Gleichung.

Schritt 3: Anfertigen einer Skizze der zur quadratischen Funktion $f(x) = ax^2 + bx + c$ zugehörigen Parabel. Dabei die Öffnung der Parabel entsprechend dem Vorzeichen von a beachten und gegebenenfalls die in Schritt 2 berechneten Nullstellen einzeichnen.

Schritt 4: Ablesen der Lösungsmenge aus der Skizze.

$\frac{1}{2}x^2 - \frac{1}{2}x < 3$

Schritt 1:

$\frac{1}{2}x^2 - \frac{1}{2}x < 3 \iff \frac{1}{2}x^2 - \frac{1}{2}x - 3 < 0$ (Nullform)

Schritt 2:

$\frac{1}{2}x^2 - \frac{1}{2}x - 3 < 0 \iff x^2 - x - 6 < 0$ (Normalform)

Diskriminante der zugehörigen quadratischen Gleichung:

$D = (-1)^2 - 4 \cdot 1 \cdot (-6) \iff D = 1 + 24 = 25 > 0$

$x_{1,2} = \frac{1 \pm 5}{2} \Rightarrow x_1 = 3; x_2 = -2$

Schritt 3:

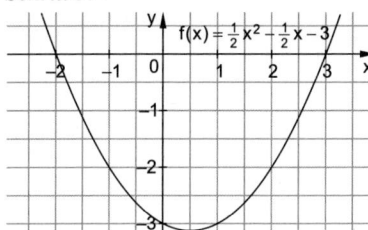

Schritt 4:
$L = \,]-2; 3[$

1.4 Quadratische Funktionen mit Parameter

Im Funktionsterm einer quadratischen Funktion können neben der unabhängigen Variablen x sogenannte **Parameter** auftreten. Setzt man für den Parameter alle möglichen Werte ein, erhält man eine Menge von quadratischen Funktionen, deren Graphen eine **Parabelschar** bilden.

Gegeben sind die quadratischen Funktionen f_k mit
$f_k(x) = kx^2 + 2x + 4k$ mit $k \in \mathbb{R} \setminus \{0\}, x \in \mathbb{R}$.
Ihre Graphen sind die Parabeln G_k.

- Bestimmen Sie den Wert des Parameters k so, dass der Punkt $P(-1; 3)$ auf dem Graphen G_k von f_k liegt.

Der Punkt P(−1; 3) liegt auf G_k, wenn seine Koordinaten die Funktionsgleichung erfüllen:

$$f_k(-1) = 3 \iff k \cdot (-1)^2 + 2 \cdot (-1) + 4k = 3$$
$$\iff k - 2 + 4k = 3 \iff 5k = 5 \iff k = 1$$

Der Punkt P(−1; 3) liegt auf der Parabel G_1.

- Ermitteln Sie die Anzahl und die Vielfachheit der Nullstellen der Funktionen f_k in Abhängigkeit vom Parameter k.

$$f_k(x) = 0 \iff$$
$$kx^2 + 2x + 4k = 0 \quad (*) \quad \text{mit } k \in \mathbb{R} \setminus \{0\}$$

Die Anzahl der Lösungen von (∗), und damit die Anzahl der Nullstellen von f_k, hängt von der Diskriminante von (∗) ab. Da die Diskriminante von $k \in \mathbb{R} \setminus \{0\}$ abhängt, schreibt man D(k). Es gilt:

$$D(k) = 2^2 - 4 \cdot k \cdot 4k = -16k^2 + 4$$

Es sind die Werte von k zu bestimmen, für die D(k)=0 (eine Doppellösung), D(k)>0 (zwei verschiedene Lösungen) bzw. D(k)<0 (keine Lösung) gilt.

Lösen von D(k)=0:

$$D(k) = 0 \iff -16k^2 + 4 = 0 \iff k^2 = \frac{1}{4}$$
$$\Rightarrow k_1 = -\frac{1}{2} = -0{,}5; \quad k_2 = \frac{1}{2} = 0{,}5$$

Lösen von D(k)>0 bzw. D(k)<0 (Parabelmethode, vgl. Seite 4):

Schritte 1 und 2:
Es liegt die Nullform $-16k^2 + 4 > 0$ (bzw. <0) vor und die Lösungen der zugehörigen quadratischen Gleichung sind bereits ermittelt.

Schritt 3:
Der Graph G_D der Funktion D ist eine nach unten geöffnete Parabel, da der Formfaktor a=−16 negativ ist. Damit kann der Graph G_D skizziert werden.

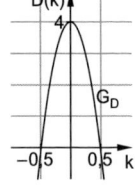

Schritt 4:
Aus der Skizze können die Lösungsmengen abgelesen werden:

$$D(k) > 0 \iff k \in \,]{-}0{,}5; 0{,}5[\setminus \{0\}$$
$$D(k) < 0 \iff k \in \,]{-}\infty; -0{,}5[\,\cup\,]0{,}5; \infty[$$

Insgesamt ergibt sich:

Für $k_1 = -0{,}5$ bzw. $k_2 = 0{,}5$ hat (∗) eine Doppellösung, d. h., die Scharfunktionen $f_{-0{,}5}$ und $f_{0{,}5}$ haben jeweils genau eine doppelte Nullstelle.

Für $k \in\ ]-0{,}5; 0{,}5[\ \backslash\{0\}$ hat (∗) zwei verschiedene Lösungen, d. h., die zugehörigen Scharfunktionen f_k haben jeweils zwei einfache Nullstellen.

Für $k \in\ ]-\infty; -0{,}5[\ \cup\ ]0{,}5; \infty[$ hat (∗) keine Lösungen, d. h., die zugehörigen Scharfunktionen f_k haben keine Nullstellen.

1.5 Ganzrationale Funktionen 3. und 4. Grades

Funktionen der Form f: $x \mapsto a_n x^n + a_{n-1} x^{n-1} + \ldots + a_1 x + a_0$ mit den Koeffizienten $a_0, a_1, \ldots, a_{n-1}, a_n \in \mathbb{R}$, $a_n \neq 0$, $n \in \{1, 2, 3, \ldots\}$ und $D_f = \mathbb{R}$ heißen **ganzrationale Funktionen n-ten Grades**. Den Funktionsterm nennt man auch Polynom n-ten Grades. a_n heißt **Leitkoeffizient** des Polynoms. Der Grad n und der Leitkoeffizient a_n bestimmen das Verhalten der Funktionswerte f(x) für $x \to -\infty$ und $x \to \infty$.

Speziell gilt:

n = 3: $f(x) = a_3 x^3 + a_2 x^2 + a_1 x + a_0$ ganzrationale Funktion 3. Grades oder kubische Funktion.
Um Indizes zu vermeiden, schreibt man übersichtlicher:
$f(x) = ax^3 + bx^2 + cx + d$
Beispiel: $f(x) = x^3 - x^2 - 1$

n = 4: $f(x) = ax^4 + bx^3 + cx^2 + dx + e$ ganzrationale Funktion 4. Grades
Sonderfall $b = d = 0$:
$g(x) = ax^4 + cx^2 + e$ biquadratische Funktion
Beispiel: $g(x) = x^4 - 2x^2 - 1$

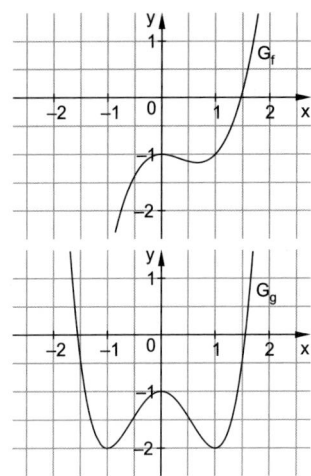

Symmetrieverhalten (bez. des Koordinatensystems)

Die Kenntnis von Symmetrien kann die Berechnung von Funktions-
werten wesentlich vereinfachen.

Der Graph G_f einer ganzrationalen Funktion f ist
(1) **achsensymmetrisch zur y-Achse**, wenn für alle $x \in D_f$ gilt:
  $f(-x) = f(x)$ (Die Funktion heißt gerade.)
(2) **punktsymmetrisch zum Koordinatenursprung**, wenn für alle
  $x \in D_f$ gilt: $f(-x) = -f(x)$ (Die Funktion heißt ungerade.)

(1) 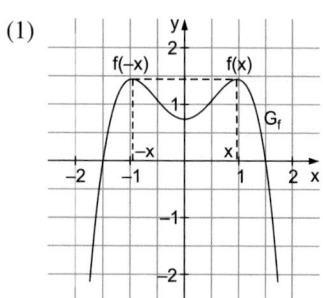 (2)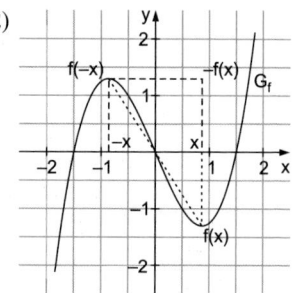

Rechnerisch untersucht man eine Funktion auf Symmetrie, indem man
$(-x)$ statt x in den Funktionsterm einsetzt.

Bemerkung:
Der Graph einer ganzrationalen Funktion ist
• achsensymmetrisch zur y-Achse, wenn die x-Terme nur in geraden
  Potenzen im Funktionsterm vorkommen,
• punktsymmetrisch zum Ursprung, wenn die x-Terme nur in ungera-
  den Potenzen im Funktionsterm vorkommen und der Funktionsterm
  kein konstantes Glied enthält.

 Geben Sie das Symmetrieverhalten des Graphen der Funktion
$f(x) = -\frac{1}{10}x^2(x^2 - 9)$ mit $D_f = \mathbb{R}$ an.

$f(-x) = -\frac{1}{10}(-x)^2((-x)^2 - 9) = -\frac{1}{10}x^2(x^2 - 9) = f(x)$

$\Rightarrow$ G_f ist achsensymmetrisch zur y-Achse.

Nullstellenbestimmung ganzrationaler Funktionen 3. Grades

Ist f eine ganzrationale Funktion 3. Grades, so führt die Bestimmung der Nullstellen zu der kubischen Gleichung (Gleichung 3. Grades):
$ax^3 + bx^2 + cx + d = 0$

Vorgehensweise 1 (Polynomdivision)
Schritt 1: Falls die Koeffizienten der Gleichung 3. Grades zwar rational, aber nicht alle ganzzahlig sind, die Gleichung mit dem Hauptnenner der Koeffizienten multiplizieren. Es ergibt sich eine Gleichung mit lauter ganzzahligen Koeffizienten.

Schritt 2: Eine ganzzahlige Lösung x_1 der kubischen Gleichung durch „systematisches Probieren" suchen. Die Lösung x_1 kann nur ein positiver oder negativer ganzzahliger Teiler des konstanten Glieds sein. Diese „nullstellenverdächtigen" Werte der Reihe nach in den Funktionsterm einsetzen, bis sich der Funktionswert 0 ergibt.

Schritt 3: Die Polynomdivision (ohne Rest!) durchführen:
$(ax^3 + bx^2 + cx + d) : (x - x_1) = ax^2 + ex + f$

Schritt 4: Die Lösungen der quadratischen Gleichung $ax^2 + ex + f = 0$ bestimmen.

Ist der Koeffizient $d = 0$, so können die Nullstellen alternativ mithilfe der Nullproduktregel bestimmt werden.

Vorgehensweise 2 (Nullproduktregel)
Schritt 1: Wenn $d = 0$ und $c \neq 0$, den Term x ausklammern.
Wenn $c = d = 0$ und $b \neq 0$, den Term x^2 ausklammern.

Schritt 2: Mit dem Satz vom Nullprodukt ergeben sich alle Lösungen. Eine Lösung ist stets 0, die weiteren Lösungen ergeben sich durch Nullsetzen des linearen bzw. quadratischen Terms.

 Gegeben ist die Funktion f mit $f(x) = \frac{1}{3}x^3 - x - \frac{2}{3}$, $x \in \mathbb{R}$.

Bestimmen Sie die Nullstellen der Funktion f sowie deren Vielfachheit mit ihrer geometrischen Bedeutung und geben Sie den Funktionsterm vollständig faktorisiert an.

Vorgehensweise 1 (Polynomdivision)

Schritt 1:

$$f(x) = 0 \iff \frac{1}{3}x^3 - x - \frac{2}{3} = 0$$

Die Koeffizienten der Gleichung 3. Grades sind zwar rational, aber nicht alle ganzzahlig. Die Multiplikation der Gleichung mit dem Hauptnenner 3 ergibt: $x^3 - 3x - 2 = 0$

Schritt 2:

Nullstellenverdächtig sind alle positiven und negativen Teiler von -2, also $1, -1, 2$ und -2.

Einsetzen in den Funktionsterm:

$$f(1) = \frac{1}{3} \cdot 1^3 - 1 - \frac{2}{3} = -\frac{4}{3} \neq 0 \qquad \Rightarrow \quad x = 1 \text{ ist } \textbf{keine} \text{ Nullstelle.}$$

$$f(-1) = \frac{1}{3} \cdot (-1)^3 - (-1) - \frac{2}{3} = 0 \qquad \Rightarrow \quad x_1 = -1 \text{ ist eine Nullstelle.}$$

Schritt 3:

Polynomdivision

$$(x^3 - 3x - 2) : (x + 1) = \underbrace{x^2 - x - 2}$$
$$\underline{-(x^3 + x^2)} \qquad \qquad \text{abdividierter quadratischer Term}$$
$$\qquad -x^2 - 3x$$
$$\qquad \underline{-(-x^2 - x)}$$
$$\qquad \qquad -2x - 2$$
$$\qquad \qquad \underline{-(-2x - 2)}$$
$$\qquad \qquad \qquad 0$$

Schritt 4:

Weitere Nullstellen ergeben sich aus der quadratischen Gleichung $x^2 - x - 2 = 0$.

Diskriminante D der quadratischen Gleichung:

$$D = (-1)^2 - 4 \cdot 1 \cdot (-2) \iff$$
$$D = 1 + 8 = 9 > 0$$
$$x_{2,3} = \frac{1 \pm 3}{2} \quad \Rightarrow \quad x_2 = 2; \; x_3 = -1$$

Bei $x_{1,3} = -1$ hat f eine doppelte Nullstelle, d. h., der Graph von f berührt die x-Achse an dieser Stelle.

Bei $x_2 = 2$ hat f eine einfache Nullstelle, d. h., der Graph von f schneidet die x-Achse an dieser Stelle.

Linearfaktorzerlegung von f:

$f(x) = \frac{1}{3}(x+1)^2(x-2)$

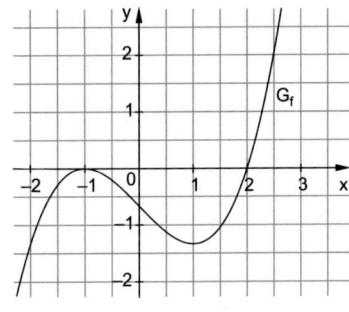

Nullstellenbestimmung ganzrationaler Funktionen 4. Grades

Ist f eine ganzrationale Funktion 4. Grades, so führt die Bestimmung der Nullstellen zu der Gleichung $ax^4 + bx^3 + cx^2 + dx + e = 0$.

Um die Lösungen dieser Gleichung zu bestimmen, kann ebenfalls die Lösungsmethode der Polynomdivision angewandt werden. Bis zur Reduktion auf ein quadratisches Polynom ist der Rechenaufwand unter Umständen aber erheblich.

Ist f eine biquadratische Funktion (ganzrationale Funktion 4. Grades, die nur x-Potenzen mit geraden Exponenten besitzt), so führt die Bestimmung der Nullstellen zu der biquadratischen Gleichung $ax^4 + bx^2 + c = 0$. Diese Gleichung kann mithilfe des Substitutionsverfahrens auf eine quadratische Gleichung zurückgeführt werden.

Vorgehensweise (Substitutionsverfahren)
Schritt 1: Den Term x^2 durch $u = x^2$ substituieren (ersetzen). Es ergibt sich eine quadratische Gleichung für u:
$au^2 + bu + c = 0$

Schritt 2: Die Lösungsmenge der quadratischen Gleichung für u bestimmen.

Schritt 3: Die Lösungen für die Unbekannte x ergeben sich durch Rücksubstitution und Lösen der Gleichung $x^2 = u$. Falls u negativ ist, ergibt sich keine Lösung für x.

Gegeben ist die Funktion f mit $f(x) = \frac{1}{4}x^4 - \frac{3}{2}x^2 + 2$, $x \in \mathbb{R}$.

- Bestimmen Sie die Nullstellen der Funktion f und geben Sie den Funktionsterm vollständig faktorisiert an.

Schritt 1:

$$f(x) = 0 \iff \frac{1}{4}x^4 - \frac{3}{2}x^2 + 2 = 0 \iff x^4 - 6x^2 + 8 = 0$$

Mit der Substitution $u = x^2$ ergibt sich: $u^2 - 6u + 8 = 0$ (∗)

Schritt 2:

Diskriminante der quadratischen Gleichung (∗):

$$D = (-6)^2 - 4 \cdot 1 \cdot 8 = 36 - 32 = 4 > 0$$

$$u_{1,2} = \frac{6 \pm 2}{2} \implies u_1 = 4; \ u_2 = 2$$

Schritt 3:

Rücksubstitution:

$$x^2 = 4 \implies x_1 = -2; \ x_2 = 2$$

$$x^2 = 2 \implies x_3 = -\sqrt{2}; \ x_4 = \sqrt{2}$$

Linearfaktorzerlegung von f:

$$f(x) = \frac{1}{4}(x + 2)(x - 2)(x + \sqrt{2})(x - \sqrt{2})$$

- Bestimmen Sie das Verhalten der Funktionswerte f(x) für $x \to -\infty$ und $x \to \infty$.

Der Globalverlauf des Graphen einer ganzrationalen Funktion wird durch den Summanden mit der höchsten x-Potenz im Funktionsterm, also durch $a_n x^n$, bestimmt (siehe Seite 7).

Da bei der Funktion f der Grad $n = 4$ gerade und der Leitkoeffizient $a_4 = \frac{1}{4}$ positiv ist, folgt:

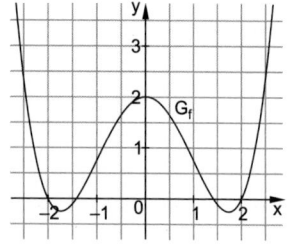

(1) $\lim\limits_{x \to -\infty} f(x)$

$= \lim\limits_{x \to -\infty} \left(\frac{1}{4}x^4 - \frac{3}{2}x^2 + 2 \right) = \infty$

(2) $\lim\limits_{x \to \infty} f(x)$

$= \lim\limits_{x \to \infty} \left(\frac{1}{4}x^4 - \frac{3}{2}x^2 + 2 \right) = \infty$

2 Differenzieren reeller Funktionen

2.1 Die Ableitung einer Funktion

Eine Gerade, die durch zwei Punkte $P_0(x_0; f(x_0))$ und $P(x; f(x))$ des Graphen einer Funktion f verläuft, heißt **Sekante**.

Die Berechnung der Sekantensteigung m_S erfolgt mithilfe des **Differenzenquotienten**:

$$m_S = \frac{f(x) - f(x_0)}{x - x_0} \qquad \text{(mittlere Änderungsrate)}$$

Eine Gerade, die einen Graphen im Punkt $P_0(x_0; f(x_0))$ berührt, heißt **Tangente**.

Die Berechnung der Tangentensteigung m_t erfolgt durch den Grenzübergang $x \to x_0$:

$$m_t = \lim_{x \to x_0} \frac{f(x) - f(x_0)}{x - x_0} = f'(x_0) \qquad \text{(lokale Änderungsrate)}$$

Dieser Grenzwert des Differenzenquotienten heißt **Differenzialquotient** oder **erste Ableitung**.

Eine Funktion f heißt **differenzierbar** oder **ableitbar** an der Stelle x_0, wenn dieser Grenzwert existiert und endlich ist.

Bemerkungen:
- Ganzrationale Funktionen und Exponentialfunktionen sind an jeder Stelle ihrer Definitionsmenge $D = \mathbb{R}$ differenzierbar.
- Die Tangentensteigung $m_t = f'(x_0)$ gibt die **Steigung** des Graphen von f im Punkt $P_0(x_0; f(x_0))$ an.

 Bestimmen Sie für die Funktion $f(x) = x^2 - 3$, $D_f = \mathbb{R}$, mithilfe des Differenzialquotienten die Steigung des Graphen im Punkt $P(1; f(1))$.

Mit $f(1) = 1^2 - 3 = -2$ folgt:

$$\lim_{x \to 1} \frac{f(x) - f(1)}{x - 1} = \lim_{x \to 1} \frac{x^2 - 3 - (-2)}{x - 1} = \lim_{x \to 1} \frac{x^2 - 1}{x - 1}$$

$$= \lim_{x \to 1} \frac{(x+1)(x-1)}{x - 1} = \lim_{x \to 1} (x+1) = 2$$

Somit gilt: $f'(1) = 2$

2.2 Ableitungsregeln

Konstantenregel

$f(x) = c, c \in \mathbb{R} \implies f'(x) = 0$

Potenzregel

$f(x) = x^n, n \in \mathbb{N} \implies f'(x) = n \cdot x^{n-1}$

Faktorregel

$f(x) = k \cdot u(x), k \in \mathbb{R} \implies f'(x) = k \cdot u'(x)$

Merke: Der konstante Faktor bleibt erhalten.

Summenregel

$f(x) = u(x) + v(x) \implies f'(x) = u'(x) + v'(x)$

Produktregel

$f(x) = u(x) \cdot v(x) \implies f'(x) = u'(x) \cdot v(x) + u(x) \cdot v'(x)$

Kettenregel

$f(x) = u(v(x)) \implies f'(x) = u'(v(x)) \cdot v'(x)$

Die Ableitungen weiterer Grundfunktionen sowie weitere Ableitungs-regeln können der Merkhilfe entnommen werden.

 Bestimmen Sie jeweils die Ableitung der Funktion.

1. $f(x) = 2x^3 - \frac{1}{2}x^2 + \sqrt{3}x - 7; \ D_f = \mathbb{R}$

   $f'(x) = 2 \cdot 3x^2 - \frac{1}{2} \cdot 2x + \sqrt{3} \cdot 1 = 6x^2 - x + \sqrt{3}$

2. $g_a(x) = ax^2 - \left(\frac{2}{3} + a\right)x - 5; \ a \in \mathbb{R}; \ D_g = \mathbb{R}$

   $g_a'(x) = a \cdot 2x - \left(\frac{2}{3} + a\right) \cdot 1 = 2ax - \frac{2}{3} - a$

   Merke: Ein Parameter wird beim Ableiten als Konstante behandelt.

3. $h(x) = (3x^2 - 1)^4; \ D_h = \mathbb{R}$

   $h'(x) = 4 \cdot (3x^2 - 1)^3 \cdot 3 \cdot 2x = 24x(3x^2 - 1)^3$

4. $r(x) = (x^2 - 1) \cdot e^{-x}; \ D_r = \mathbb{R}$

   $r'(x) = 2x \cdot e^{-x} + (x^2 - 1) \cdot e^{-x} \cdot (-1) = (-x^2 + 2x + 1) \cdot e^{-x}$

2.3 Tangentengleichung

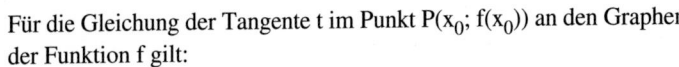

Für die Gleichung der Tangente t im Punkt $P(x_0; f(x_0))$ an den Graphen der Funktion f gilt:

t: $y = f'(x_0) \cdot (x - x_0) + f(x_0)$

Bestimmen Sie die Gleichung der Tangente im Punkt $P(-2; f(-2))$ an den Graphen der Funktion $f(x) = -x^3 - 2x^2 + x + 1; D_f = \mathbb{R}$.

Für die Gleichung der Tangente t im Punkt $P(-2; f(-2))$ gilt:

t: $y = f'(-2) \cdot (x + 2) + f(-2)$

Für die Ableitungsfunktion ergibt sich:

$f'(x) = -3x^2 - 4x + 1$

Mit

$f'(-2) = -3 \cdot (-2)^2 - 4 \cdot (-2) + 1 = -3$

und

$f(-2) = -(-2)^3 - 2 \cdot (-2)^2 - 2 + 1 = -1$

ergibt sich die Tangentengleichung:

$t(x) = -3 \cdot (x + 2) - 1 \Leftrightarrow$

$t(x) = -3x - 7$

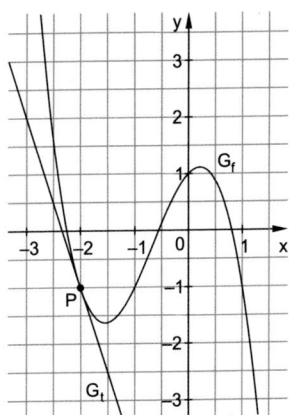

3 Elemente der Kurvendiskussion

3.1 Maximale Monotonieintervalle

Die Monotonie beschreibt das Steigungsverhalten eines Funktionsgraphen. Es treten zwei mögliche Fälle auf:

Die Funktion f ist in einem Intervall [a; b]

streng monoton zunehmend.   streng monoton abnehmend.

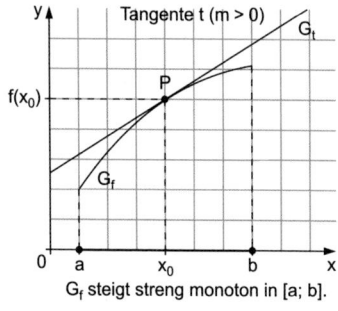

G_f steigt streng monoton in [a; b].

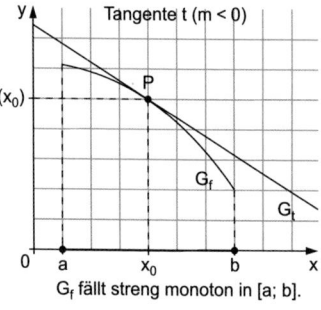

G_f fällt streng monoton in [a; b].

In jedem beliebigen Kurvenpunkt   In jedem beliebigen Kurvenpunkt
$P(x_0; f(x_0))$ mit $x_0 \in\ ]a; b[$ besitzt $P(x_0; f(x_0))$ mit $x_0 \in\ ]a; b[$ besitzt
die Tangente an den Graphen von   die Tangente an den Graphen von
f eine positive Steigung $(m > 0)$.   f eine negative Steigung $(m < 0)$.

Das Monotonieverhalten einer Funktion wird beschrieben durch die
Zerlegung der Definitionsmenge in die größtmöglichen Intervalle, in
denen der Graph der Funktion steigt oder fällt. Diese Intervalle sind
die maximalen Monotonieintervalle der Funktion.

Monotoniekriterium (vgl. Merkhilfe)

$f'(x) > 0$ für alle x aus dem Intervall I
⇒ Die Funktion f ist streng monoton zunehmend in I.
Der Graph der Funktion f steigt streng monoton in I.

$f'(x) < 0$ für alle x aus dem Intervall I
⇒ Die Funktion f ist streng monoton abnehmend in I.
Der Graph der Funktion f fällt streng monoton in I.

Bestimmung der maximalen Monotonieintervalle

Vorgehensweise
Schritt 1: Berechnen der 1. Ableitung von f.

Schritt 2: Ermitteln der Bereiche, in denen die Funktion streng monoton zunehmend bzw. streng monoton abnehmend ist, d. h. Lösen der Ungleichung $f'(x) > 0$ bzw. $f'(x) < 0$.

Schritt 3: Die Randstellen, die in der Definitionsmenge liegen, in die Monotonieintervalle einschließen. (Gültig für alle lehrplanrelevanten Funktionen.)

 $f(x) = \frac{1}{4}x^2 - x - 1; \quad D_f = \mathbb{R}$

Schritt 1:
$f'(x) = \frac{1}{2}x - 1$

Schritt 2:
$f'(x) > 0 \iff \frac{1}{2}x - 1 > 0 \iff \frac{1}{2}x > 1 \iff x > 2$

$f'(x) < 0 \iff \frac{1}{2}x - 1 < 0 \iff \frac{1}{2}x < 1 \iff x < 2$

Schritt 3:
f ist streng monoton zunehmend im Intervall $[2; \infty[$.
f ist streng monoton abnehmend im Intervall $]-\infty; 2]$.

3.2 Punkte mit waagrechter Tangente

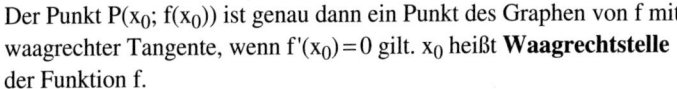

Der Punkt $P(x_0; f(x_0))$ ist genau dann ein Punkt des Graphen von f mit waagrechter Tangente, wenn $f'(x_0) = 0$ gilt. x_0 heißt **Waagrechtstelle** der Funktion f.

Es gibt drei Arten von Punkten eines Graphen mit waagrechter Tangente. Sie unterscheiden sich darin, ob die Funktion an der zugehörigen Waagrechtstelle ihr Monotonieverhalten ändert oder nicht und, wenn ja, in welche Richtung sie das Monotonieverhalten ändert.

Art von Punkten mit waagrechter Tangente

Ist x_0 eine Waagrechtstelle von f, so gilt:

f' hat an der Stelle x_0 einen Vorzeichenwechsel von + nach –
$\Rightarrow$ x_0 ist **Maximalstelle**. Der Graph G_f hat den relativen **Hochpunkt** $H(x_0; f(x_0))$. Die Funktion f hat das relative Maximum $f(x_0)$.

f' hat an der Stelle x_0 einen Vorzeichenwechsel von – nach +
$\Rightarrow$ x_0 ist **Minimalstelle**. Der Graph G_f hat den relativen **Tiefpunkt** $T(x_0; f(x_0))$. Die Funktion f hat das relative Minimum $f(x_0)$.

f' hat an der Stelle x_0 keinen Vorzeichenwechsel
$\Rightarrow$ x_0 ist **Terrassenstelle**. Der Graph G_f hat den **Terrassenpunkt** $TEP(x_0; f(x_0))$.

Merkregel: Wenn x_0 eine Nullstelle von f' mit gerader Vielfachheit ist, dann ist x_0 eine Terrassenstelle von f.

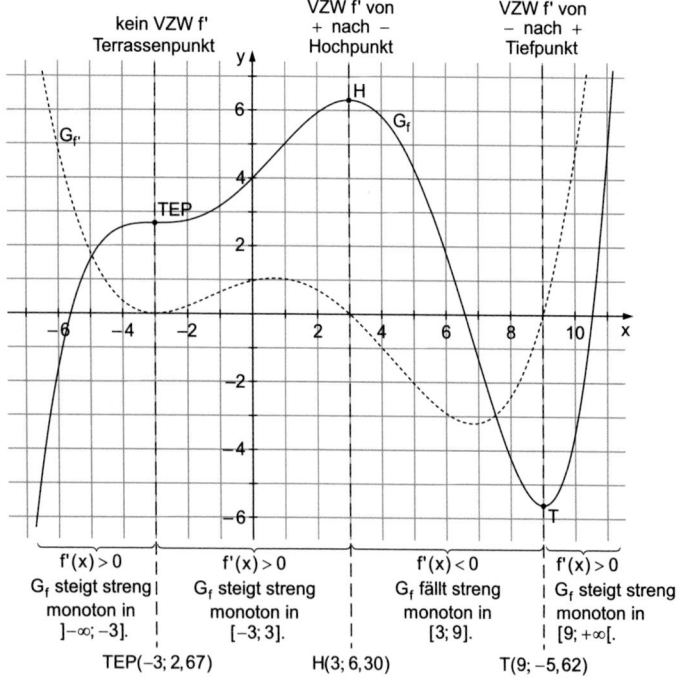

kein VZW f' Terrassenpunkt	VZW f' von + nach – Hochpunkt	VZW f' von – nach + Tiefpunkt

$f'(x) > 0$ G_f steigt streng monoton in $]-\infty; -3]$.	$f'(x) > 0$ G_f steigt streng monoton in $[-3; 3]$.	$f'(x) < 0$ G_f fällt streng monoton in $[3; 9]$.	$f'(x) > 0$ G_f steigt streng monoton in $[9; +\infty[$.
$TEP(-3; 2,67)$	$H(3; 6,30)$	$T(9; -5,62)$	

Ermittlung von Art und Koordinaten der Punkte mit waagrechter Tangente

Vorgehensweise (Monotonieuntersuchung)

Schritt 1: Berechnen der 1. Ableitung von f.

Schritt 2: Ermitteln der Nullstellen der 1. Ableitung, d. h. Lösen der Gleichung $f'(x) = 0$.

Schritt 3: Überprüfen, ob an den ermittelten Nullstellen jeweils ein Vorzeichenwechsel von f' vorliegt. Falls ja, mithilfe einer Skizze des Graphen von f' die Art des Vorzeichenwechsels bestimmen.

VZW von + nach – : Maximalstelle

VZW von – nach + : Minimalstelle

kein VZW: Terrassenstelle

Schritt 4: Berechnen der Funktionswerte von f an den ermittelten Nullstellen von f'; Angeben der Art und Koordinaten der Punkte mit waagrechter Tangente.

$f(x) = \frac{1}{5}x^5 - \frac{1}{3}x^3$; $D_f = \mathbb{R}$

Schritt 1:

$f'(x) = x^4 - x^2$

Schritt 2:

$f'(x) = 0 \iff x^4 - x^2 = 0 \iff x^2 \cdot (x^2 - 1) = 0$

Mit dem Satz vom Nullprodukt (Nullproduktregel) folgt:

$x^2 \cdot (x^2 - 1) = 0 \iff x^2 = 0 \lor x^2 - 1 = 0$

$\Rightarrow x_{1,2} = 0;\ x_3 = 1;\ x_4 = -1$

Schritt 3:

Da $x_{1,2} = 0$ eine doppelte Nullstelle von f' ist, liegt kein VZW vor. Somit ist $x_{1,2} = 0$ eine Terrassenstelle von f.

Da $x_3 = 1$ und $x_4 = -1$ einfache Nullstellen von f' sind, liegt jeweils ein VZW vor.

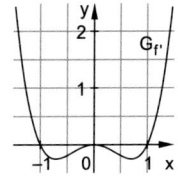

$x_3 = 1$: f' hat einen VZW von – nach +
   Minimalstelle von f

$x_4 = -1$: f' hat einen VZW von + nach –
   Maximalstelle von f

Schritt 4:

$f(0) = \frac{1}{5} \cdot 0^5 - \frac{1}{3} \cdot 0^3 = 0$ $\Rightarrow$ Terrassenpunkt TEP$(0; 0)$

$f(1) = \frac{1}{5} \cdot 1^5 - \frac{1}{3} \cdot 1^3 = -\frac{2}{15}$ $\Rightarrow$ relativer Tiefpunkt $T\left(1; -\frac{2}{15}\right)$

$f(-1) = \frac{1}{5} \cdot (-1)^5 - \frac{1}{3} \cdot (-1)^3 = \frac{2}{15}$ $\Rightarrow$ relativer Hochpunkt $H\left(-1; \frac{2}{15}\right)$

3.3 Extrempunkte

Hoch- und Tiefpunkte eines Graphen fasst man unter dem Begriff
Extrempunkte zusammen. Entsprechend werden unter Extremstellen
sowohl Maximal- als auch Minimalstellen verstanden; Extremum oder
auch Extremwert umfasst relatives Maximum und relatives Minimum.

Extrempunkte ergeben sich aus der Analyse des Monotonieverhaltens
der zugrunde liegenden Funktion (vgl. Vorgehensweise zur Ermittlung
von Art und Koordinaten der Punkte mit waagrechter Tangente, siehe
Seite 19). Alternativ kann die Art der Extrempunkte mithilfe der 2. Ableitung bestimmt werden.

Art von Extremwerten (vgl. Merkhilfe)
Ist x_0 eine Waagrechtstelle von f, d. h., ist $f'(x_0) = 0$, so gilt:
$f''(x_0) < 0 \Rightarrow$ f hat an der Stelle x_0 ein relatives Maximum.
$f''(x_0) > 0 \Rightarrow$ f hat an der Stelle x_0 ein relatives Minimum.

Bemerkungen:
- Dieses Kriterium für Extremwerte ist besonders hilfreich, wenn eine
  Funktion nur in Bezug auf relative Extrema und nicht auf Monotonie
  untersucht werden soll.

- Sind an einer Stelle x_0 die 1. und die 2. Ableitung der Funktion f
  gleich null, d. h., gilt $f'(x_0) = f''(x_0) = 0$, so ermittelt man die Art des
  Punkts über eine Untersuchung des Monotonieverhaltens von f.
  Es kann sich hier sowohl um eine Minimal- oder Maximalstelle als
  auch um eine Terrassenstelle handeln.

Bestimmung von Art und Koordinaten der Extrempunkte mithilfe der 2. Ableitung

Vorgehensweise

Schritt 1: Berechnen der 1. und 2. Ableitung von f.

Schritt 2: Ermitteln der Nullstellen der 1. Ableitung, d. h. Lösen der Gleichung f'(x) = 0 (notwendige Bedingung).

Schritt 3: Berechnen der Funktionswerte der 2. Ableitung an den ermittelten Nullstellen der 1. Ableitung und Anwenden des Kriteriums.

$f''(x_0) < 0$: Maximalstelle ⎫
$f''(x_0) > 0$: Minimalstelle ⎬ hinreichende Bedingung

$f''(x_0) = 0$: keine Aussage möglich

Schritt 4: Im Fall von $f''(x_0) \neq 0$: Berechnen der Funktionswerte von f an diesen Stellen; Angeben der Art und Koordinaten der Extrempunkte.

 $f(x) = \frac{1}{4}x^3 - x^2 - 1; D_f = \mathbb{R}$

Schritt 1:

$f'(x) = \frac{3}{4}x^2 - 2x$

$f''(x) = \frac{3}{2}x - 2$

Schritt 2:

$f'(x) = 0 \iff \frac{3}{4}x^2 - 2x = 0$

Diskriminante der quadratischen Gleichung:

$D = (-2)^2 - 4 \cdot \frac{3}{4} \cdot 0 \iff D = 4 > 0$

$x_{1,2} = \frac{2 \pm 2}{\frac{3}{2}} \implies x_1 = \frac{8}{3}; x_2 = 0$

Schritt 3:

$f''(x_1) = f''\left(\frac{8}{3}\right) = \frac{3}{2} \cdot \frac{8}{3} - 2 = 4 - 2 = 2 > 0 \implies x_1$ ist Minimalstelle von f.

$f''(x_2) = f''(0) = \frac{3}{2} \cdot 0 - 2 = -2 < 0 \implies x_2$ ist Maximalstelle von f.

Schritt 4:

$f\left(\frac{8}{3}\right) = \frac{1}{4} \cdot \left(\frac{8}{3}\right)^3 - \left(\frac{8}{3}\right)^2 - 1 = -\frac{91}{27} \implies$ relativer Tiefpunkt $T\left(\frac{8}{3}; -\frac{91}{27}\right)$

$f(0) = \frac{1}{4} \cdot 0^3 - 0^2 - 1 = -1 \implies$ relativer Hochpunkt $H(0; -1)$

3.4 Maximale Krümmungsintervalle

Die Krümmung beschreibt die Änderung des Steigungsverhaltens eines Funktionsgraphen. Es treten zwei mögliche Fälle auf:

Linkskrümmung

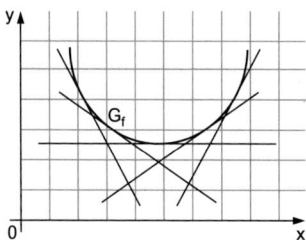

Rechtskrümmung

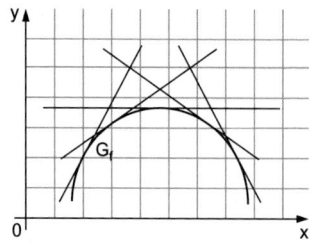

| Die Tangentensteigungen nehmen streng monoton zu. Der Graph ist linksgekrümmt. Die Tangenten drehen sich nach links. | Die Tangentensteigungen nehmen streng monoton ab. Der Graph ist rechtsgekrümmt. Die Tangenten drehen sich nach rechts. |

Das Krümmungsverhalten des Graphen einer Funktion wird beschrieben durch die Zerlegung der Definitionsmenge in die größtmöglichen Intervalle, in denen der Graph der Funktion rechts- oder linksgekrümmt ist. Diese Intervalle sind die maximalen Krümmungsintervalle des Graphen der Funktion.

Krümmungskriterium (vgl. Merkhilfe)

$f''(x) > 0$ für alle x aus dem Intervall I

$\Rightarrow$ Der Graph der Funktion f ist linksgekrümmt in I.

$f''(x) < 0$ für alle x aus dem Intervall I

$\Rightarrow$ Der Graph der Funktion f ist rechtsgekrümmt in I.

Bemerkung: Die zweite Ableitung f'' beschreibt die Steigung des Graphen von f'.

Bestimmung der maximalen Krümmungsintervalle

Vorgehensweise

Schritt 1: Berechnen der 1. und 2. Ableitung von f.

Schritt 2: Ermitteln der Bereiche, in denen der Graph der Funktion linksgekrümmt bzw. rechtsgekrümmt ist, d. h. Lösen der Ungleichung $f''(x) > 0$ bzw. $f''(x) < 0$.

Schritt 3: Die Randstellen, die in der Definitionsmenge liegen, in die Krümmungsintervalle einschließen. (Gültig für alle lehrplanrelevanten Funktionen.)

 $f(x) = \frac{1}{9}x^4 - \frac{4}{9}x^3 + 3; \quad D_f = \mathbb{R}$

Schritt 1:

$$f'(x) = \frac{4}{9}x^3 - \frac{4}{3}x^2$$

$$f''(x) = \frac{4}{3}x^2 - \frac{8}{3}x$$

Schritt 2:

Linkskrümmung: $f''(x) > 0$

$$\frac{4}{3}x^2 - \frac{8}{3}x > 0 \iff x^2 - 2x > 0 \iff x(x-2) > 0 \iff$$

$$(x > 0 \wedge x - 2 > 0) \vee (x < 0 \wedge x - 2 < 0) \iff$$

$$\quad (x > 0 \wedge x > 2) \vee \quad (x < 0 \wedge x < 2) \iff$$

$$\quad x > 2 \qquad\qquad \vee \qquad x < 0$$

Rechtskrümmung: $f''(x) < 0$

$$\frac{4}{3}x^2 - \frac{8}{3}x < 0 \iff x^2 - 2x < 0 \iff x(x-2) < 0 \iff$$

$$(x > 0 \wedge x - 2 < 0) \vee (x < 0 \wedge x - 2 > 0) \iff$$

$$\quad (x > 0 \wedge x < 2) \vee \quad (x < 0 \wedge x > 2) \iff$$

$$\quad 0 < x < 2 \qquad\quad \vee \qquad \{\ \}$$

Schritt 3:

G_f ist linksgekrümmt im Intervall $]-\infty; 0]$ sowie im Intervall $[2; \infty[$.

G_f ist rechtsgekrümmt im Intervall $[0; 2]$.

3.5 Wendepunkte

Die Kurvenpunkte, in denen der Graph einer Funktion seine Krümmung ändert, d. h. sich von einer Linkskurve in eine Rechtskurve wendet oder umgekehrt, heißen Wendepunkte.

Wendepunkt (vgl. Merkhilfe)
Ist $f''(x_0) = 0$ und wechselt f'' an der Stelle x_0 das Vorzeichen, so hat der Graph von f an dieser Stelle einen Wendepunkt. x_0 heißt **Wendestelle** der Funktion f.

Die Tangente an einen Funktionsgraphen in dessen Wendepunkt heißt **Wendetangente**. Ein Wendepunkt mit waagrechter Wendetangente heißt **Terrassenpunkt** (vgl. Abschnitt 3.2).

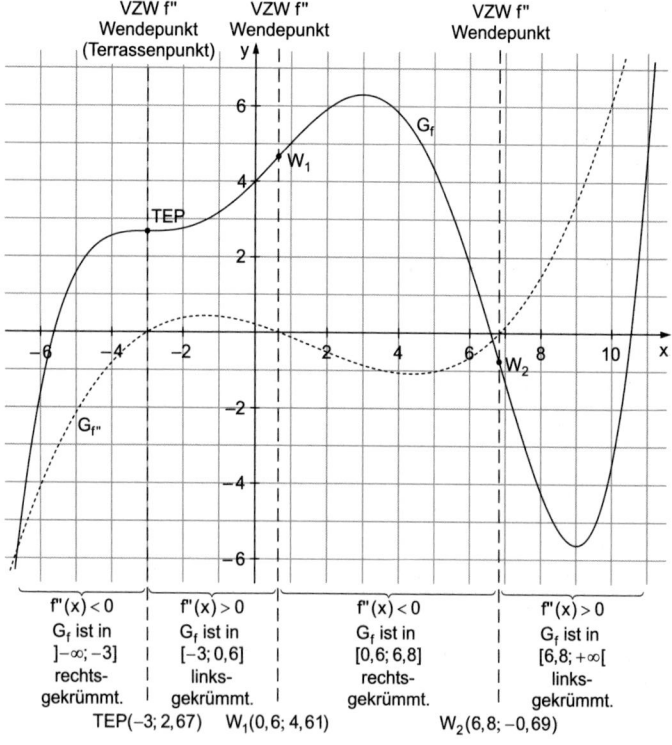

VZW f'' Wendepunkt (Terrassenpunkt)	VZW f'' Wendepunkt	VZW f'' Wendepunkt	
$f''(x) < 0$ G_f ist in $]-\infty; -3]$ rechts- gekrümmt.	$f''(x) > 0$ G_f ist in $[-3; 0,6]$ links- gekrümmt.	$f''(x) < 0$ G_f ist in $[0,6; 6,8]$ rechts- gekrümmt.	$f''(x) > 0$ G_f ist in $[6,8; +\infty[$ links- gekrümmt.

$TEP(-3; 2,67)$ $W_1(0,6; 4,61)$ $W_2(6,8; -0,69)$

Bestimmung der Wendepunkte mithilfe der Änderung des Krümmungsverhaltens

Vorgehensweise

Schritt 1: Berechnen der 1. und 2. Ableitung von f.

Schritt 2: Ermitteln der Nullstellen der 2. Ableitung, d. h. Lösen der Gleichung $f''(x) = 0$.

Schritt 3: Überprüfen, ob an den ermittelten Nullstellen der 2. Ableitung jeweils ein Vorzeichenwechsel von f'' vorliegt.

VZW: Wendepunkt

kein VZW: kein Wendepunkt

Schritt 4: Berechnen der Funktionswerte von f an den ermittelten Nullstellen von f''; Angeben der Koordinaten der Wendepunkte.

 $f(x) = \frac{1}{6}x^3 + \frac{1}{3}x + 2;\ D_f = \mathbb{R}$

Schritt 1:

$f'(x) = \frac{1}{2}x^2 + \frac{1}{3}$

$f''(x) = x$

Schritt 2:

$f''(x) = 0 \iff x = 0$

Schritt 3:

Da f'' an der Stelle $x_0 = 0$ eine einfache Nullstelle hat, liegt ein VZW vor. Somit ist $x_0 = 0$ die Wendestelle von f.

Schritt 4:

$f(0) = 2 \implies$ Wendepunkt $W(0;\ 2)$

Bestimmung der Wendepunkte mithilfe der 3. Ableitung

Alternativ kann die Bestimmung der Wendepunkte mithilfe der 3. Ableitung erfolgen. Bei diesem Vorgehen lässt sich jedoch das Krümmungsverhalten nicht angeben.

Wendepunkt *(alternatives Kriterium)*

Ist $f''(x_0) = 0$ und $f'''(x_0) \neq 0$, so hat der Graph von f an der Stelle x_0 den Wendepunkt $W(x_0;\ f(x_0))$.

Bemerkungen:
- Die Bedingung $f'''(x_0) \neq 0$ stellt sicher, dass f" an der Stelle x_0 das Vorzeichen wechselt.
- Der Wendepunkt ist die **steilste Stelle** des Graphen der Funktion im Vergleich zur Umgebung.
- Ist $f'(x_0) = 0$ und $f''(x_0) = 0$ und $f'''(x_0) \neq 0$, so hat der Graph von f an der Stelle x_0 einen **Terrassenpunkt** $TEP(x_0; f(x_0))$.

Vorgehensweise

Schritt 1: Berechnen der 1., 2. und 3. Ableitung von f.

Schritt 2: Ermitteln der Nullstellen der 2. Ableitung, d. h. Lösen der Gleichung $f''(x) = 0$.

Schritt 3: Berechnen der Funktionswerte der 3. Ableitung an den ermittelten Nullstellen der 2. Ableitung und Anwenden des Kriteriums.

$f'''(x_0) \neq 0$: Wendestelle

$f'''(x_0) = 0$: keine Aussage möglich

Schritt 4: Im Fall von $f'''(x_0) \neq 0$: Berechnen der Funktionswerte von f an diesen Stellen; Angeben der Koordinaten des Wendepunkts.

 $f(x) = \frac{1}{8}x^3 - \frac{3}{2}x^2 + 4x; D_f = \mathbb{R}$

Schritt 1:

$f'(x) = \frac{3}{8}x^2 - 3x + 4$

$f''(x) = \frac{3}{4}x - 3$

$f'''(x) = \frac{3}{4}$

Schritt 2:

$f''(x) = 0 \iff \frac{3}{4}x - 3 = 0 \iff x = 4$

Schritt 3:

Für $x_0 = 4$ gilt:

$f'''(x_0) = f'''(4) = \frac{3}{4} \neq 0 \implies x_0$ ist Wendestelle von f.

Schritt 4:

$f(4) = \frac{1}{8} \cdot 4^3 - \frac{3}{2} \cdot 4^2 + 4 \cdot 4 = 0 \implies$ Wendepunkt $W(4; 0)$

3.6 Aufstellen von Funktionstermen („Steckbriefaufgaben")

Durch eine Kurvendiskussion lassen sich verschiedene Eigenschaften einer gegebenen Funktion und die charakteristischen Punkte des zugehörigen Funktionsgraphen ermitteln.

In der praktischen Mathematik tritt oft das umgekehrte Problem auf: Aus vorgegebenen Eigenschaften einer Funktion und ihres Graphen soll der zugehörige Funktionsterm bestimmt werden.

Umsetzung von gegebenen Eigenschaften der Funktion in mathematische Bedingungen und Gleichungen

Eigenschaften (Angaben)	mathematische Übersetzung (Bestimmungsgleichungen)		
	$f(x)$	$f'(x)$	$f''(x)$
Punkt $P(u; v) \in G_f$	$f(u) = v$		
Steigung m im Punkt $P(u; v) \in G_f$	$f(u) = v$	$f'(u) = m$	
G_f berührt die x-Achse an der Stelle $x = u$	$f(u) = 0$	$f'(u) = 0$	
Extrempunkt $P(u; v) \in G_f$	$f(u) = v$	$f'(u) = 0$	
Wendepunkt $W(u; v) \in G_f$	$f(u) = v$		$f''(u) = 0$
Terrassenpunkt $TEP(u; v) \in G_f$	$f(u) = v$	$f'(u) = 0$	$f''(u) = 0$
G_f hat die steilste Steigung an der Stelle $x = u$			$f''(u) = 0$

Umsetzung von Symmetrieeigenschaften

f ist eine ganzrationale Funktion

- 2. Grades mit Achsensymmetrie zur y-Achse:
  Mit $f(-x) = f(x)$ folgt $b = 0$, also $f(x) = ax^2 + c$. (vgl. Seite 1)
- 3. Grades mit Punktsymmetrie zum Koordinatenursprung:
  Mit $f(-x) = -f(x)$ folgt $b = d = 0$, also $f(x) = ax^3 + cx$. (vgl. Seite 8)
- 4. Grades mit Achsensymmetrie zur y-Achse:
  Mit $f(-x) = f(x)$ folgt $b = d = 0$, also $f(x) = ax^4 + cx^2 + e$. (vgl. Seite 8)

Vorgehensweise

Schritt 1: Aufstellen der allgemeinen Funktionsgleichung von f unter Ausnutzung möglicher Symmetrieeigenschaften. Bilden der 1. und 2. Ableitung in allgemeiner Form, falls benötigt.

Schritt 2: Im Aufgabentext nach mindestens so vielen verschiedenen Angaben suchen, wie Koeffizienten in der Funktionsgleichung enthalten sind. Jede Angabe wird in eine lineare Bestimmungsgleichung für die gesuchten Koeffizienten übersetzt.

Schritt 3: Lösen des linearen Gleichungssystems, das sich aus den Bestimmungsgleichungen ergibt.

Schritt 4: Einsetzen der für die Koeffizienten berechneten Werte in die allgemeine Funktionsgleichung von f.

 Bestimmen Sie die Gleichung der ganzrationalen Funktion 3. Grades, deren Graph G_f punktsymmetrisch zum Koordinatenursprung ist und in H(–2; 4) einen relativen Hochpunkt besitzt.

Schritt 1:

Aus der Symmetriebedingung folgt der Ansatz:

$f(x) = ax^3 + cx$ $\quad a \in \mathbb{R} \setminus \{0\}, \ c \in \mathbb{R}, \ D_f = \mathbb{R}$

$f'(x) = 3ax^2 + c$

Schritt 2:

Mit den Kriterien zur Kurvendiskussion ergeben sich die benötigten zwei Gleichungen aus dem relativen Hochpunkt.

I $\ f(-2) = 4 \ \Rightarrow \ a \cdot (-2)^3 + c \cdot (-2) = 4 \ \Rightarrow \ -8a - 2c = 4$ $\quad$ (H(–2; 4) $\in G_f$)

II $\ f'(-2) = 0 \ \Rightarrow \ 3a \cdot (-2)^2 + c = 0 \ \Rightarrow \ 12a + c = 0$ $\quad$ (H ist Hochpunkt)

Schritt 3:

Lösung des linearen Gleichungssystems mit dem Einsetzverfahren.

I $\ -8a - 2c = 4$

II $\ 12a + c = 0$ $\qquad \Leftrightarrow \quad c = -12a$

II eingesetzt in I ergibt:

I' $\ -8a - 2(-12a) = 4 \ \Leftrightarrow \ a = \dfrac{1}{4}$

I' eingesetzt in II ergibt:

$c = -3$

Schritt 4:
Die gesuchte Funktionsgleichung lautet:

$$f(x) = \frac{1}{4}x^3 - 3x$$

3.7 Optimierungsprobleme und Anwendungsaufgaben (Extremwertaufgaben)

In der praktischen Mathematik treten häufig Problemstellungen auf, die sich mit der Optimierung des Zusammenhangs verschiedener Größen beschäftigen. Bei Extremwertaufgaben werden bestimmte Sachverhalte auf absolut extreme Werte (Maximum oder Minimum) untersucht.

Vorgehensweise
Schritt 1: Die Größe, für die ein Extremwert berechnet werden soll, als Funktion in Abhängigkeit der relevanten Variablen aufstellen ($\hat{=}$ Zielfunktion).

Schritt 2: Im Aufgabentext nach Nebenbedingungen suchen und Zusammenhänge zwischen den in der Zielfunktion enthaltenen Variablen herstellen, um die Zielfunktion in Abhängigkeit von nur einer Variable zu erhalten. (Falls die in Schritt 1 aufgestellte Funktion bereits von nur einer Variable abhängig ist, wird keine Nebenbedingung benötigt und Schritt 2 kann ausgelassen werden.)

Schritt 3: Eine bezüglich der Fragestellung sinnvolle Definitionsmenge für die Zielfunktion festlegen.

Schritt 4: Mit den üblichen Mitteln der Differenzialrechnung das relative Maximum bzw. Minimum der Zielfunktion bestimmen.

Schritt 5: Das absolute Maximum bzw. Minimum der Zielfunktion angeben.

Bemerkung: Ist eine Funktion nur auf einem Teilbereich von $\mathbb{R}$ definiert, so kann das absolute Maximum bzw. das absolute Minimum auch am Rand dieses Bereichs angenommen werden (Randextremum). Diese werden bei der Untersuchung auf relative Extrema nicht unbedingt erfasst, da sie keine Waagrechtstellen sein müssen.

Für den Quader mit quadratischer Grund-
fläche im Bild rechts soll ein Kantenmodell
aus Draht hergestellt werden. Dafür steht
ein Drahtstück mit der Länge $\ell = 72$ cm zur
Verfügung, das vollständig verbraucht
werden soll.
Bestimmen Sie die Maße des Quaders, für
die sein Volumen den absolut größten Wert
annimmt, und geben Sie dieses Volumen an.

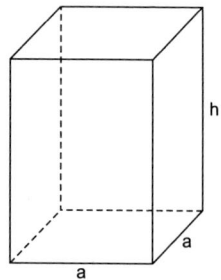

Schritt 1:
Für das Volumen V des Quaders gilt in Abhängigkeit von den gegebenen Größen a und h:
$$V(a; h) = a \cdot a \cdot h = a^2 \cdot h$$

Schritt 2:
Als Nebenbedingung beträgt die Summe der Kantenlängen $\ell = 72$ cm.
$$8 \cdot a + 4 \cdot h = 72 \qquad \Leftrightarrow$$
$$4h = 72 - 8a \qquad \Leftrightarrow$$
$$h = 18 - 2a \qquad (*)$$
Einsetzen in die Funktion V(a; h) ergibt:
$$V(a) = a^2(18 - 2a)$$
$$V(a) = 18a^2 - 2a^3 \qquad \text{(Zielfunktion)}$$

Schritt 3:
Da a und h Längen sind, gilt $a > 0$ und $h > 0$. Aus Letzterem und der
Nebenbedingung (*) folgt:
$$h = 18 - 2a > 0 \quad \Leftrightarrow \quad a < 9$$
Eine sinnvolle Definitionsmenge D_V für die Zielfunktion V(a) ist also:
$D_V = \,]0; 9[$

Schritt 4:
Das relative Maximum der Zielfunktion V(a) ergibt sich wie in
Abschnitt 3.3 beschrieben:
$$V'(a) = -6a^2 + 36a; \quad D_{V'} = \,]0; 9[$$
$$V''(a) = -12a + 36; \quad D_{V''} = \,]0; 9[$$

Relatives Maximum

Notwendige Bedingung:

$V'(a) = 0 \quad \Leftrightarrow$

$-6a^2 + 36a = 0 \quad \Leftrightarrow$

$a(a - 6) = 0$

Mit dem Satz vom Nullprodukt (Nullproduktregel) erhält man:

$\underbrace{a_1 = 0}_{\notin D_V}; \ a_2 = 6$

Hinreichende Bedingung: $V''(a_2) < 0$

$V''(6) = -12 \cdot 6 + 36 = -36 < 0$

$\Rightarrow$ Die Zielfunktion $V(a)$ hat bei $a_2 = 6$ ein relatives Maximum.

Schritt 5:

Absolutes Maximum

Die Funktion $V'(a)$ hat im Intervall $]0; 9[$ nur eine Nullstelle, somit tritt keine weitere Änderung des Monotonieverhaltens im angegebenen Bereich auf. Das relative Maximum ist somit absolutes Maximum der Funktion $V(a)$.

Die Maße des Quaders mit dem absolut größten Volumen betragen:

$a_{max} = 6$ und

$h_{max} = 18 - 2 \cdot a_{max}$

$h_{max} = 18 - 2 \cdot 6$

$h_{max} = 6$

Absolut größtes Volumen V_{max}:

$V_{max} = V(a_{max})$

$V_{max} = 18 \cdot 6^2 - 2 \cdot 6^3$

$V_{max} = 216$

Der volumengrößte Quader ist also ein Würfel mit der Kantenlänge $a_{max} = 6$ cm und dem Volumen $V_{max} = 216$ cm^3.

4 Exponentialfunktionen und Logarithmen

4.1 Exponentialgleichungen

Bei **Exponentialgleichungen** kommt die Unbekannte x nur in den Exponenten von Potenzen mit der Basis $b > 0$ und $b \neq 1$ vor.

Die Lösung $x \in \mathbb{R}$ einer Exponentialgleichung von der Form $b^x = a$ mit $a > 0$, $b > 0$ und $b \neq 1$ heißt **Logarithmus von a zur Basis b**, kurz: $x = \log_b(a)$. Gesucht ist also derjenige Exponent x, mit dem man die Basis b potenzieren muss, um a zu erhalten.

 Die Exponentialgleichung $2^x = 16$ hat die Lösung $x = \log_2(16) = 4$, weil $2^4 = 16$.

Häufig verwendete Logarithmenwerte

(1) $\log_b(b) = 1$, (2) $\log_b(1) = 0$, (3) $\log_b\left(\frac{1}{b}\right) = -1$,

denn $b^1 = b$ denn $b^0 = 1$ denn $b^{-1} = \frac{1}{b}$

Häufig verwendete Logarithmen

• Basis 10: Zehnerlogarithmus oder dekadischer Logarithmus
  Abkürzung: $\log_{10}(a) = \lg(a)$ (Taschenrechnertaste „LOG")

• Basis e (eulersche Zahl): Natürlicher Logarithmus
  Abkürzung: $\log_e(a) = \ln(a)$ (Taschenrechnertaste „LN")

 Lösen Sie die Gleichung $\frac{1}{15} \cdot 4^{-3x+1} - 2,5 = 5$.

$\frac{1}{15} \cdot 4^{-3x+1} - 2,5 = 5$	$\Leftrightarrow$
$4^{-3x+1} = 112,5$	$\Leftrightarrow$ (Isolieren des Potenzterms)
$\lg\left(4^{-3x+1}\right) = \lg(112,5)$	$\Leftrightarrow$ (Beidseitiges Logarithmieren)
$(-3x+1) \cdot \lg(4) = \lg(112,5)$	$\Leftrightarrow$ (Logarithmenregel)
$x = -\frac{1}{3}\left(\frac{\lg(112,5)}{\lg(4)} - 1\right)$	$\Rightarrow$ (Auflösen nach x)
$x \approx -0,802$	(Taschenrechner)

Bemerkung: Um bequem mit dem Taschenrechner arbeiten zu können, wählt man beim beidseitigen Logarithmieren den Zehnerlogarithmus oder den natürlichen Logarithmus.

4.2 Exponentialfunktionen

Funktionen der Form $f : x \mapsto b^x$ mit $b > 0$ und $b \neq 1$ und $D_f = \mathbb{R}$ heißen **Exponentialfunktionen**. Der Graph einer Exponentialfunktion heißt **Exponentialkurve**.

Die Exponentialfunktion $f : x \mapsto e^x$ mit der eulerschen Zahl e als Basis heißt **natürliche Exponentialfunktion** oder **e-Funktion**. Ihr Graph heißt **natürliche Exponentialkurve**.

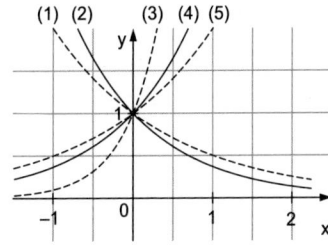

(1) Graph von $x \mapsto \left(\frac{1}{2}\right)^x = 2^{-x}$

(2) Graph von $x \mapsto \left(\frac{1}{e}\right)^x = e^{-x}$

(3) Graph von $x \mapsto 10^x$

(4) Graph von $x \mapsto e^x$

(5) Graph von $x \mapsto 2^x$

Eigenschaften der Exponentialfunktionen und Exponentialkurven

- Bei maximaler Definitionsmenge $D_f = \mathbb{R}$ ist die Wertemenge $W_f =]0; \infty[$.

- Exponentialkurven verlaufen stets oberhalb der x-Achse, denn $b^x > 0$.

- $P(0; 1)$ ist ein gemeinsamer Punkt aller Exponentialkurven, denn $f(0) = b^0 = 1$.

- Exponentialfunktionen sind für $b > 1$ streng monoton zunehmend und für $0 < b < 1$ streng monoton abnehmend.

- Alle Exponentialkurven sind linksgekrümmt.

- Die Graphen zweier Exponentialfunktionen sind zueinander spiegelbildlich bezüglich der y-Achse, wenn die Basis der einen Funktion gleich dem Kehrbruch der Basis der anderen Funktion ist.

- Jede Exponentialfunktion lässt sich auf die natürliche zurückführen:
  $f(x) = b^x = e^{\ln(b^x)} = e^{x \cdot \ln(b)}$

- Verhalten der Funktionswerte f(x) für $x \to -\infty$ und $x \to \infty$:

Falls b > 1:

$$\lim_{x \to -\infty} b^x = 0$$

$$\lim_{x \to \infty} b^x = \infty$$

Falls 0 < b < 1:

$$\lim_{x \to -\infty} b^x = \infty$$

$$\lim_{x \to \infty} b^x = 0$$

Die x-Achse ist eine waagrechte Asymptote aller Exponentialkurven.

 Gegeben ist die Funktion $f : x \mapsto -2^x + \frac{5}{4}$; $x \in \mathbb{R}$.

- Bestimmen Sie die Nullstelle der Funktion f.

  Die Bedingung für eine Nullstelle liefert eine Exponentialgleichung:

  $\quad f(x) = 0 \qquad \Leftrightarrow$

  $-2^x + \frac{5}{4} = 0 \qquad \Leftrightarrow$

  $\quad 2^x = \frac{5}{4} \qquad \Leftrightarrow \quad$ (Isolieren des Potenzterms)

  $\ln(2^x) = \ln\!\left(\frac{5}{4}\right) \qquad \Leftrightarrow \quad$ (Beidseitiges Logarithmieren)

  $x \cdot \ln(2) = \ln\!\left(\frac{5}{4}\right) \qquad \Leftrightarrow \quad$ (Logarithmenregel)

  $\quad x = \dfrac{\ln\!\left(\frac{5}{4}\right)}{\ln(2)} \qquad \Rightarrow \quad$ (Auflösen nach x)

  $\quad x \approx 0,32 \qquad\qquad$ (Taschenrechner)

- Bestimmen Sie das Verhalten der Funktionswerte f(x) für $x \to -\infty$ sowie $x \to \infty$ und geben Sie die Gleichung der waagrechten Asymptote an.

  Der Graph der Funktion f geht durch eine Spiegelung an der x-Achse (Faktor −1 bei 2^x) und eine Verschiebung um $\frac{5}{4}$ LE in positive y-Richtung (nach oben) aus der Exponentialkurve mit der Gleichung $y = 2^x$ hervor.

Somit gilt:

$$\lim_{x \to -\infty} f(x) = \lim_{x \to -\infty} \underbrace{\left(-2^x + \tfrac{5}{4}\right)}_{\to 0} = \tfrac{5}{4}$$

$$\lim_{x \to \infty} f(x) = \lim_{x \to \infty} \underbrace{\left(-2^x + \tfrac{5}{4}\right)}_{\to -\infty} = -\infty$$

Der Graph hat die waagrechte Asymptote mit der Gleichung $y = \tfrac{5}{4}$.

- Zeichnen Sie den Graphen von f für $-3 \le x \le 1$.

Graph von f:

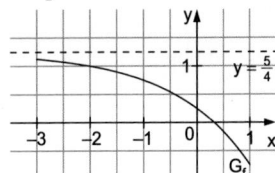

4.3 Kurvendiskussion mit Exponentialfunktionen

 Gegeben ist die Funktion $g: x \mapsto (x+1) \cdot e^{-x}$; $x \in \mathbb{R}$.

- Bestimmen Sie die Koordinaten der Achsenschnittpunkte des Graphen G_g.

Die Ordinate des Schnittpunkts mit der y-Achse entspricht $g(0)$:
$g(0) = (0+1) \cdot e^{-0} = 1$

$\Rightarrow$ Schnittpunkt von G_g mit der y-Achse: $S_y(0; 1)$

Die Nullstellen von g erhält man durch Lösen von $g(x)=0$:

$$g(x) = 0 \quad \Leftrightarrow$$

$$(x+1) \cdot \underbrace{e^{-x}}_{= \frac{1}{e^x} > 0} = 0 \quad \Leftrightarrow$$

$$x + 1 = 0 \quad \Leftrightarrow \quad \text{(Nullproduktregel)}$$

$$x = -1$$

$\Rightarrow$ Schnittpunkt von G_g mit der x-Achse: $N(-1; 0)$

- Bestimmen Sie die maximalen Monotonieintervalle von g sowie Art und Koordinaten des relativen Extrempunkts des Graphen G_g.

Die maximalen Monotonieintervalle werden mit der Vorgehensweise von Seite 17 bestimmt.

Schritt 1:

$g'(x) = 1 \cdot e^{-x} + (x+1) \cdot e^{-x} \cdot (-1)$ ⇔ (Produkt- und Kettenregel)

$g'(x) = e^{-x} + (-x-1) \cdot e^{-x}$ ⇔ (Distributivgesetz)

$g'(x) = (1-x-1) \cdot e^{-x}$ ⇔ (Ausklammern von e^{-x})

$g'(x) = -x \cdot e^{-x}$ (Vereinfachung)

Schritt 2:

$g'(x) > 0$ ⇔ $-x \cdot \underbrace{e^{-x}}_{>0} > 0$ ⇔ (Produktungleichung)

$-x > 0$ ⇔

$x < 0$

$g'(x) < 0$ ⇔ $-x \cdot \underbrace{e^{-x}}_{>0} < 0$ ⇔ (Produktungleichung)

$-x < 0$ ⇔

$x > 0$

Schritt 3:

g ist streng monoton zunehmend im Intervall $]-\infty; 0]$.

g ist streng monoton abnehmend im Intervall $[0; \infty[$.

Art und Koordinaten des relativen Extrempunkts (vgl. Seite 19 f.):
Da g' bei $x_0 = 0$ einen VZW von + nach – hat, ergibt sich:
$x_0 = 0$ ist relative Maximalstelle ⇒ relativer Hochpunkt H(0; 1)

- Ermitteln Sie die Koordinaten des Wendepunkts von G_g.

Vorgehensweise von Seite 25:

Schritt 1:

$g'(x) = -x \cdot e^{-x}$ (siehe oben)

$g''(x) = (-1) \cdot e^{-x} + (-x) \cdot e^{-x} \cdot (-1)$ ⇔ (Produkt- und Kettenregel)

$g''(x) = -e^{-x} + x \cdot e^{-x}$ ⇔ (Vereinfachung)

$g''(x) = (x-1) \cdot e^{-x}$ ⇔ (Ausklammern von e^{-x})

Schritt 2:

$$g''(x) = 0 \iff (x-1) \cdot \underbrace{e^{-x}}_{>0} = 0 \iff$$

$$x - 1 = 0 \iff \quad \text{(Nullproduktregel)}$$

$$x = 1$$

Schritt 3:

Da g'' an der Stelle $x_1 = 1$ eine einfache Nullstelle hat, liegt hier ein VZW vor. Somit ist x_1 die Wendestelle von g.

Schritt 4:

$$g(1) = (1+1) \cdot e^{-1} = \frac{2}{e} \implies \text{Wendepunkt } W\left(1; \frac{2}{e}\right)$$

- Zeichnen Sie den Graphen G_g im Bereich $-1{,}5 \leq x \leq 4$.

  Wertetabelle für G_g:

		N		S_y, H	W			
x	−1,5	−1	−0,5	0	1	2	3	4
g(x)	−2,24	0	0,82	1	0,74	0,41	0,20	0,09

Graph von g:

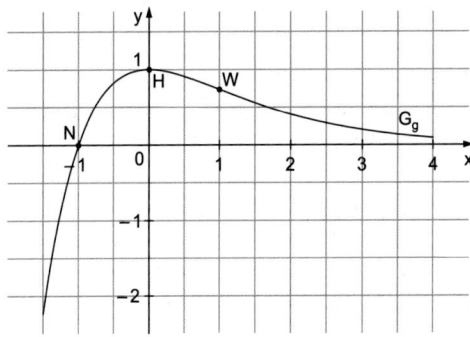

4.4 Exponentielle Zunahme und Abnahme

Mithilfe von Exponentialfunktionen kann man **exponentielle Zunahme** bzw. **Abnahme** beschreiben.

Zunahme: Abnahme:

$N(t) = N_0 \cdot e^{k \cdot t}$; $t \geq 0$ $N(t) = N_0 \cdot e^{-k \cdot t}$; $t \geq 0$

Hierbei muss für die Parameter gelten: $N_0 > 0$, $k > 0$

Bedeutung der Größen:

t: Unabhängige Größe (z. B. Zeit)

N_0:   Startwert für $t = 0$

k: Zunahme- bzw. Abnahmekonstante

N(t): Wert an der Stelle t (z. B. Bestand zum Zeitpunkt t)

Bemerkung: Die Bezeichnungen der Größen werden dem jeweiligen Sachverhalt angepasst. Außerdem wird bei der Zunahme eines Bestandes oft auch der Begriff Wachstum verwendet und die Abnahme eines Bestandes wird Zerfall genannt.

Eine anschauliche Vorstellung von der Veränderung des Bestandes bei exponentiellen Zunahmevorgängen mit der Zeit vermittelt die **Verdopplungszeit t_V**. Sie ist die Zeit, in der sich ein Bestand, unabhängig vom betrachteten Ausgangszeitpunkt, jeweils verdoppelt.

Entsprechend ist bei exponentiellen Abnahmevorgängen die **Halbwertszeit t_H** die Zeit, in der sich ein Bestand jeweils halbiert.

Bakterien vermehren sich in guter Näherung exponentiell. Der Wachstumsfaktor $k > 0$ hängt von der Art der Bakterien und den Gegebenheiten in der Nährlösung (z. B. der Temperatur) ab. Die Anzahl einer bestimmten Bakterienart in einer Nährlösung sei innerhalb einer Stunde von 9 000 auf 32 000 gestiegen.
Berechnen Sie die Verdopplungszeit t_V.

Informationen aus dem Text:

$N_0 = 9\,000, \quad t_1 = 1\,h = 60\,min, \quad N(t_1) = 32\,000$

Setzt man die Werte in die Funktionsgleichung für exponentielle Wachstumsfunktionen ein und löst die dadurch entstehende Exponentialgleichung, so erhält man die Wachstumskonstante k:

$N(t_1) = N_0 \cdot e^{k \cdot t_1} \qquad \Leftrightarrow$

$32\,000 = 9\,000 \cdot e^{k \cdot 60} \qquad \Leftrightarrow \qquad \text{(Einsetzen der gegebenen Werte)}$

$e^{60k} = \frac{32}{9} \qquad \Leftrightarrow \qquad \text{(Isolieren des Potenzterms)}$

$\ln\left(e^{60k}\right) = \ln\left(\frac{32}{9}\right) \qquad \Leftrightarrow \qquad \text{(Beidseitiges Logarithmieren)}$

$60k \cdot \underbrace{\ln(e)}_{=1} = \ln\left(\frac{32}{9}\right) \qquad \Leftrightarrow \qquad \text{(Logarithmenregel)}$

$k = \frac{\ln\left(\frac{32}{9}\right)}{60} \qquad \Rightarrow \qquad \text{(Auflösen nach k)}$

$k \approx 0,021 \left[\frac{1}{min}\right] \qquad \text{(Taschenrechner)}$

Die Verdopplungszeit folgt aus der folgenden Exponentialgleichung:

$N(t_V) = 2 \cdot N_0 \qquad \Leftrightarrow$

$N_0 \cdot e^{k \cdot t_V} = 2 \cdot N_0 \qquad \Leftrightarrow$

$e^{k \cdot t_V} = 2 \qquad \Leftrightarrow \qquad \text{(Isolieren des Potenzterms)}$

$\ln\left(e^{k \cdot t_V}\right) = \ln(2) \qquad \Leftrightarrow \qquad \text{(Beidseitiges Logarithmieren)}$

$k \cdot t_V \cdot \underbrace{\ln(e)}_{=1} = \ln(2) \qquad \Leftrightarrow \qquad \text{(Logarithmenregel)}$

$t_V = \frac{\ln(2)}{k} \qquad \text{(Auflösen nach } t_V)$

Einsetzen der Wachstumskonstanten k ergibt:

$t_V \approx \frac{\ln(2)}{0,021} \approx 33\,[min] \qquad \text{(Taschenrechner)}$

5 Integralrechnung

5.1 Stammfunktion und unbestimmtes Integral

Eine differenzierbare Funktion F heißt **Stammfunktion** einer Funktion f im gemeinsamen Definitionsbereich D, wenn gilt:
$F'(x) = f(x)$ für alle $x \in D$

Alle Stammfunktionen einer gegebenen Funktion unterscheiden sich nur durch eine additive Konstante.

Die Menge aller Stammfunktionen einer gegebenen Funktion f heißt **unbestimmtes Integral** von f.

$$\int f(x)\,dx = F(x) + C; \quad C \in \mathbb{R}$$

Elementare Stammfunktionen und Integrationsregeln

Aufgrund der Definition des Integrierens als Umkehrung des Differenzierens ergeben sich aus der formalen Umkehrung der Ableitungsregeln die entsprechenden Integrationsregeln (vgl. Abschnitt 2.2).

Potenzregel
$$\int x^n\,dx = \frac{1}{n+1}x^{n+1} + C \quad (n \neq -1, C \in \mathbb{R})$$

Faktorregel
$$\int k \cdot f(x)\,dx = k \cdot \int f(x)\,dx$$

Summenregel
$$\int (f(x) + g(x))\,dx = \int f(x)\,dx + \int g(x)\,dx$$

Lineare Substitution
$$\int f(ax + b)\,dx = \frac{1}{a}F(ax + b) + C, \text{ wobei F eine Stammfunktion von f ist}$$

Der Merkhilfe können weitere unbestimmte Integrale entnommen werden.

1. $\int \left(2x^3 - \frac{1}{2}x^2 - x + \frac{1}{3}\right) dx$

   $= \int 2x^3 \, dx - \int \frac{1}{2}x^2 \, dx - \int x \, dx + \int \frac{1}{3} \, dx$

   $= 2 \cdot \frac{1}{4}x^4 - \frac{1}{2} \cdot \frac{1}{3}x^3 - \frac{1}{2}x^2 + \frac{1}{3}x + C$

   $= \frac{1}{2}x^4 - \frac{1}{6}x^3 - \frac{1}{2}x^2 + \frac{1}{3}x + C$

2. $\int \frac{1}{2} \cdot e^{-3x+1} \, dx = \frac{1}{2} \cdot \frac{1}{-3} \cdot e^{-3x+1} + C = -\frac{1}{6} \cdot e^{-3x+1} + C$

   (lineare Substitution mit $f(x) = e^x$, $F(x) = e^x$ und $a = -3, b = 1$)

3. Ein Parameter (z. B. $a \in \mathbb{R}$) wird bei der Integration wie eine konstante Zahl behandelt:

   $$\int (x^2 + (a-2)x) \, dx = \int x^2 \, dx + \int (a-2)x \, dx = \frac{1}{3}x^3 + \frac{a-2}{2}x^2 + C$$

4. Gegeben ist die Funktion f mit $f(x) = \frac{1}{2}x^2 - 1$; $x \in \mathbb{R}$.
   Bestimmen Sie diejenige Stammfunktion von f, deren Graph den Punkt $P\left(-2; -\frac{1}{3}\right)$ enthält.

   Für die Menge aller Stammfunktionen F_C von f gilt:

   $$F_C(x) = \int f(x) \, dx = \int \left(\frac{1}{2}x^2 - 1\right) dx = \frac{1}{6}x^3 - x + C$$

   Zur Bestimmung der Integrationskonstanten C werden die Koordinaten des Punkts $P\left(-2; -\frac{1}{3}\right)$ eingesetzt. Es folgt:

   $$F_C(-2) = -\frac{1}{3} \Leftrightarrow$$
   $$\frac{1}{6} \cdot (-2)^3 - (-2) + C = -\frac{1}{3} \Leftrightarrow$$
   $$-\frac{8}{6} + 2 + C = -\frac{1}{3} \Leftrightarrow$$
   $$C = -1$$

   Die gesuchte Stammfunktion lautet:

   $F_{-1}(x) = \frac{1}{6}x^3 - x - 1$

5.2 Bestimmtes Integral und Flächenberechnung

Falls F eine beliebige Stammfunktion von f im Intervall [a; b] ist, dann heißt

$$\int_a^b f(x)\,dx = [F(x)]_a^b = F(b) - F(a)$$

das **bestimmte Integral** von f(x) mit der unteren Grenze a und der oberen Grenze b. Die Funktion f heißt **Integrandenfunktion** des bestimmten Integrals.

Berechnen Sie den Wert des folgenden bestimmten Integrals.

$$\int_{-2}^1 (x+2)\,dx = \left[\tfrac{1}{2}x^2 + 2x\right]_{-2}^1 = \tfrac{1}{2}\cdot 1^2 + 2\cdot 1 - \left(\tfrac{1}{2}\cdot(-2)^2 + 2\cdot(-2)\right) = \tfrac{9}{2}$$

Berechnung des Flächeninhalts zwischen Graph und x-Achse

Fläche oberhalb der x-Achse (f(x) ≥ 0 im Intervall [a; b])

Für den Inhalt der Fläche, die der Graph der Funktion f mit der x-Achse und den Grenzgeraden x = a und x = b einschließt, gilt:

$$A = \int_a^b f(x)\,dx$$

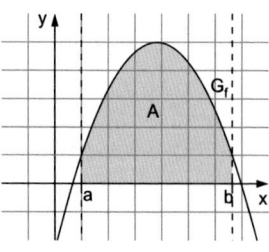

Fläche unterhalb der x-Achse (f(x) ≤ 0 im Intervall [a; b])

Für den Inhalt der Fläche, die der Graph der Funktion f mit der x-Achse und den Grenzgeraden x = a und x = b einschließt, gilt:

$$A = \left| \int_a^b f(x)\,dx \right|$$

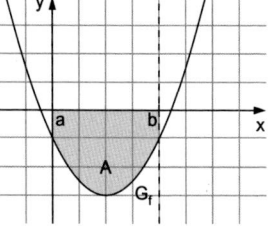

Fläche oberhalb und unterhalb der x-Achse

Besteht die Fläche, die der Graph
einer Funktion f mit der x-Achse und
den Grenzgeraden x = a und x = b
einschließt, aus Teilen oberhalb und
unterhalb der x-Achse, so berechnet
man die Inhalte der einzelnen Teilflächen und addiert diese. Für den Inhalt der abgebildeten Fläche gilt:

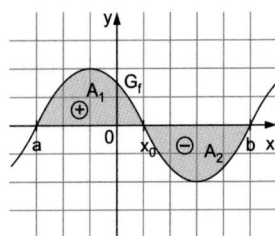

$$A = A_1 + A_2 = \left| \int_a^{x_0} f(x)\,dx \right| + \left| \int_{x_0}^b f(x)\,dx \right|$$

Bemerkungen:

- Zur Berechnung einer oberhalb der x-Achse liegenden Teilfläche
  kann auf die Betragsstriche beim bestimmten Integral verzichtet
  werden.
- Das bestimmte Integral $\int_a^b f(x)\,dx$ ergibt die Flächenbilanz.

  Dabei gehen Flächen oberhalb der x-Achse positiv und Flächen
  unterhalb der x-Achse negativ in die Bilanz ein.
  Sonderfall: Hat die Flächenbilanz den Wert null, so sind die beiden
  Teilflächen inhaltsgleich.

Berechnung des Flächeninhalts zwischen zwei Graphen

Die Fläche zwischen zwei Funktionsgraphen erhält man als Differenz
ihrer Flächen mit der x-Achse.

Unter der Voraussetzung, dass
$f(x) \geq g(x)$ in [a; b] ist, gilt für den Inhalt der Fläche, die die Graphen der
Funktionen f und g einschließen:

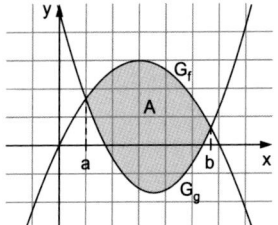

$$A = \int_a^b [f(x) - g(x)]\,dx$$

Vorgehensweise

Schritt 1: Bestimmen der Schnittstellen a und b der beiden Funktionen f und g (a < b).

Schritt 2: Falls $f(x) \geq g(x)$ im Intervall [a; b] ist, gibt das bestimmte Integral mit dem Integranden $f(x) - g(x)$ und den Grenzen a und b die Maßzahl A der Fläche zwischen den Funktionsgraphen G_f und G_g an:

$$A = \int_a^b [f(x) - g(x)]\, dx$$

Andernfalls gilt: $A = \int_a^b [g(x) - f(x)]\, dx$

 Die Parabel mit der Funktionsgleichung

$$p(x) = -\frac{1}{2}x^2 + 3x$$

und die Gerade mit der Funktionsgleichung $g(x) = x - 6$ schließen ein endliches Flächenstück ein. Berechnen Sie die Maßzahl seines Flächeninhalts.

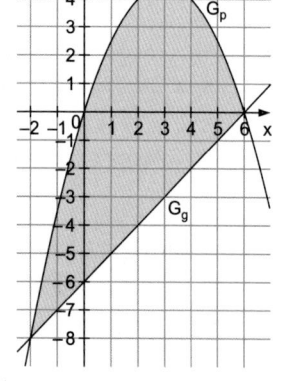

Schritt 1:

Um die x-Koordinaten der Schnittpunkte (die Schnittstellen) beider Graphen zu bestimmen, setzt man die beiden Funktionsterme gleich:

$$p(x) = g(x) \iff$$
$$-\frac{1}{2}x^2 + 3x = x - 6 \iff$$
$$-\frac{1}{2}x^2 + 2x + 6 = 0$$

Diskriminante D der quadratischen Gleichung:

$$D = 2^2 - 4 \cdot \left(-\frac{1}{2}\right) \cdot 6 \iff$$
$$D = 4 + 12 = 16 > 0$$
$$x_{1,2} = \frac{-2 \pm 4}{-1} \implies x_1 = -2;\ x_2 = 6$$

Schritt 2:

Aus der Zeichnung entnimmt man, dass im Intervall $I = [a; b] = [-2; 6]$ gilt: $p(x) \geq g(x)$

Für den Inhalt A der gekennzeichneten Fläche (grau getönt) gilt:

$$A = \int_{-2}^{6} [p(x) - g(x)] \, dx \qquad \text{(Schnittstellen = Integrationsgrenzen)}$$

$$A = \int_{-2}^{6} \left[-\frac{1}{2} x^2 + 3x - (x - 6) \right] dx$$

$$A = \int_{-2}^{6} \left(-\frac{1}{2} x^2 + 2x + 6 \right) dx$$

$$A = \left[-\frac{1}{6} x^3 + x^2 + 6x \right]_{-2}^{6}$$

$$A = -\frac{1}{6} \cdot 6^3 + 6^2 + 6 \cdot 6 - \left(-\frac{1}{6} \cdot (-2)^3 + (-2)^2 + 6 \cdot (-2) \right)$$

$$A = -36 + 36 + 36 - \left(\frac{4}{3} + 4 - 12 \right)$$

$$A = 36 + \frac{20}{3}$$

$$A = \frac{128}{3}$$

Der Inhalt des Flächenstückes beträgt $\frac{128}{3}$ Flächeneinheiten (FE).

Stochastik

1 Zufallsexperimente

1.1 Ergebnisse und Ergebnisraum

Ein Experiment, bei dem die möglichen Ausgänge zwar bekannt sind, im Voraus aber nicht bestimmt werden kann, wie es ausgeht, heißt **Zufallsexperiment**.

Jeder mögliche Ausgang eines Zufallsexperiments heißt **Ergebnis ω**. Die Menge aller möglichen Ergebnisse ω_1, ω_2, ω_3, …, ω_n nennt man **Ergebnisraum Ω**. Die Anzahl der Elemente des Ergebnisraumes Ω nennt man die Mächtigkeit des Ergebnisraumes, in Zeichen $|\Omega|$.

1. Werfen einer Münze
   Man erwartet die Ergebnisse Wappen (W) und Zahl (Z) und erhält den Ergebnisraum $\Omega = \{W; Z\}$ mit $|\Omega| = 2$.

2. Werfen eines Würfels
   Man erwartet als Ergebnisse die möglichen Augenzahlen des Würfels und erhält den Ergebnisraum $\Omega = \{1; 2; 3; 4; 5; 6\}$ mit $|\Omega| = 6$.

3. Einmaliges Ziehen einer Kugel aus einer Urne
   In der Regel enthält eine Urne (ein beliebiges Gefäß, das nicht einsehbar ist) gleiche Kugeln, die sich durch ein Merkmal wie Farbe oder aufgedruckte Zahl unterscheiden.
   Enthält eine Urne z. B. drei schwarze (s), zwei grüne (g) und eine weiße (w) Kugel, so ist der Ergebnisraum $\Omega = \{w; s; g\}$ mit $|\Omega| = 3$.

Mehrstufige Zufallsexperimente und Baumdiagramme
Die drei Beispiele von oben sind Beispiele für einstufige Zufallsexperimente. Wird ein einzelnes Zufallsexperiment mehrmals hintereinander ausgeführt, so liegt ein mehrstufiges Zufallsexperiment vor. Dieses kann bei geringer Wiederholung gut durch ein Baumdiagramm veranschaulicht werden. Jedem Pfad im Baumdiagramm entspricht ein Ergebnis des Zufallsexperiments.

Eine Urne enthält drei schwarze (s), zwei grüne (g) und eine weiße (w) Kugel. Es wird zweimal eine Kugel **mit** Zurücklegen gezogen.

Baumdiagramm:

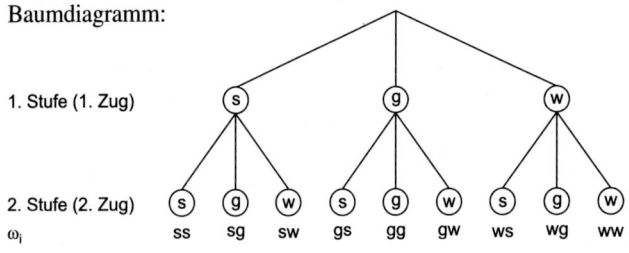

1. Stufe (1. Zug)

2. Stufe (2. Zug)

ω_i

ss sg sw gs gg gw ws wg ww

Ergebnisraum: $\Omega = \{ss; sg; sw; gs; gg; gw; ws; wg; ww\}$ mit $|\Omega| = 9$

1.2 Ereignisse

(1) Ist $\Omega = \{\omega_1; \omega_2; \ldots; \omega_n\}$ der Ergebnisraum eines Zufallsexperiments, so heißt jede Teilmenge $E \subseteq \Omega$ **Ereignis** dieses Zufallsexperiments.

(2) Ein Ereignis E tritt genau dann ein, wenn sich ein Ergebnis ω einstellt, das in E enthalten ist.

(3) Die Ereignisse $\{\omega_1\}$, $\{\omega_2\}$, …, $\{\omega_n\}$ heißen **Elementarereignisse**.

(4) Die leere Menge { } bezeichnet man als **unmögliches Ereignis** (d. h., das Ereignis E = { } kann nicht eintreten).

(5) Ω als Ereignis betrachtet heißt **sicheres Ereignis** (d. h., das Ereignis $E = \Omega$ tritt immer ein).

(6) Das Ereignis $\overline{A} = \Omega \setminus A$ heißt **Gegenereignis** zu A.

 Werfen eines Würfels

Ergebnisraum: $\Omega = \{1; 2; 3; 4; 5; 6\}$

Betrachtet werden die Ereignisse A, B und C in Aussageform und in aufzählender Mengenschreibweise.

Ereignis A: „Die Augenzahl ist höchstens drei." oder $A = \{1; 2; 3\}$

Ereignis B: „Die Augenzahl ist gerade." oder $B = \{2; 4; 6\}$

Ereignis C: „Die Augenzahl ist fünf." oder $C = \{5\}$ (Elementarereignis)

Würfelt ein Spieler die Augenzahl 2, so ist sowohl das Ereignis A als auch das Ereignis B eingetreten, das Ereignis C ist jedoch nicht eingetreten.

1.3 Verknüpfungen von zwei Ereignissen

Für viele Überlegungen ist es hilfreich, wenn der Ergebnisraum Ω und die Ereignisse nicht nur in aufzählender Mengenschreibweise dargestellt, sondern auch grafisch veranschaulicht werden. Neben den Mengendiagrammen (Venn-Diagrammen) wird die Vierfeldertafel als Hilfsmittel zur Veranschaulichung verwendet.

Zwei Ereignisse A und B zerlegen den Ergebnisraum Ω in die vier paarweise unvereinbaren Ereignisse $A \cap B$, $A \cap \overline{B}$, $\overline{A} \cap B$, $\overline{A} \cap \overline{B}$.

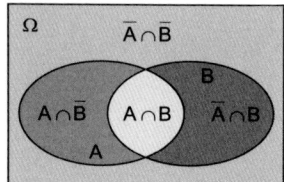

Ω	A	$\overline{A}$
B	$A \cap B$	$\overline{A} \cap B$
$\overline{B}$	$A \cap \overline{B}$	$\overline{A} \cap \overline{B}$

Bemerkung: Zwei Ereignisse E_1 und E_2 heißen unvereinbar, wenn die Schnittmenge die leere Menge ist, d. h., wenn $E_1 \cap E_2 = \{\ \}$ gilt.

Die folgende Übersicht gibt für zwei Ereignisse A und B die Terminologie in der Ereignissprache, die zugehörige mathematische Schreibweise und die Kennzeichnung in der Vierfeldertafel an.

Wortformulierung	Mengensymbolik	Vierfeldertafel		
• A und B • beide Ereignisse • sowohl A als auch B	$A \cap B$	Ω	A	$\overline{A}$
		B	$A \cap B$	$\overline{A} \cap B$
		$\overline{B}$	$A \cap \overline{B}$	$\overline{A} \cap \overline{B}$
• A oder B • mindestens / wenigstens eines der Ereignisse	$A \cup B$	Ω	A	$\overline{A}$
		B	$A \cap B$	$\overline{A} \cap B$
		$\overline{B}$	$A \cap \overline{B}$	$\overline{A} \cap \overline{B}$
• keines der Ereignisse • weder A noch B	$\overline{A} \cap \overline{B}$	Ω	A	$\overline{A}$
		B	$A \cap B$	$\overline{A} \cap B$
		$\overline{B}$	$A \cap \overline{B}$	$\overline{A} \cap \overline{B}$

• höchstens eines der beiden Ereignisse • nicht beide Ereignisse	$\overline{A \cap B}$	Ω	A	$\overline{A}$
		B	$A \cap B$	$\overline{A} \cap B$
		$\overline{B}$	$A \cap \overline{B}$	$\overline{A} \cap \overline{B}$

• A, aber nicht B • nur A	$A \setminus B = A \cap \overline{B}$	Ω	A	$\overline{A}$
		B	$A \cap B$	$\overline{A} \cap B$
		$\overline{B}$	$A \cap \overline{B}$	$\overline{A} \cap \overline{B}$

• genau eines der beiden Ereignisse • entweder A oder B	$(A \cap \overline{B}) \cup (\overline{A} \cap B)$	Ω	A	$\overline{A}$
		B	$A \cap B$	$\overline{A} \cap B$
		$\overline{B}$	$A \cap \overline{B}$	$\overline{A} \cap \overline{B}$

• entweder beide Ereignisse oder keines	$(A \cap B) \cup (\overline{A} \cap \overline{B})$	Ω	A	$\overline{A}$
		B	$A \cap B$	$\overline{A} \cap B$
		$\overline{B}$	$A \cap \overline{B}$	$\overline{A} \cap \overline{B}$

Ein Zufallsexperiment hat den Ergebnisraum $\Omega = \{1;\ 2;\ 3;\ 4;\ 5;\ 6;\ 7;\ 8\}$.

Betrachtet werden die Ereignisse:

A = {1; 2; 3; 4}

B: „Es tritt eine gerade Zahl auf."

C = {6; 7; 8}

• Ergänzen Sie die fehlende Text- bzw. Mengenschreibweise.

A: „Es treten Zahlen kleiner oder gleich vier auf."

B = {2; 4; 6; 8}

C: „Es treten Zahlen größer oder gleich sechs auf."

• Stellen Sie die Ereignisse $A \setminus B$ und $\overline{\overline{B} \cup \overline{C}}$ in aufzählender Mengenschreibweise dar.

$A \setminus B = \{1;\ 2;\ 3;\ 4\} \setminus \{2;\ 4;\ 6;\ 8\} = \{1;\ 3\}$

$\overline{\overline{B} \cup \overline{C}} = \overline{\overline{B}} \cap \overline{\overline{C}}$ (Gesetz von de Morgan)

$\qquad\qquad = \overline{\overline{B}} \cap C$ (Gesetz des doppelten Komplements)

$\qquad\qquad = \{1;\ 3;\ 5;\ 7\} \cap \{6;\ 7;\ 8\}$

$\qquad\qquad = \{7\}$

2 Wahrscheinlichkeit

2.1 Der Wahrscheinlichkeitsbegriff

Ereignissen lassen sich, z. B. durch die relative Häufigkeit des Ereignisses, Wahrscheinlichkeiten zuordnen. Die Wahrscheinlichkeit eines Ereignisses A wird mit $P(A)$ bezeichnet.

Eigenschaften der Wahrscheinlichkeit

- $0 \leq P(A) \leq 1$ für jedes Ereignis $A \subseteq \Omega$
- $P(\Omega) = 1$
- $P(\{\ \}) = 0$
- $P(\overline{A}) = 1 - P(A)$ \qquad (Gegenereignisregel)
- $P(A \cup B) = P(A) + P(B)$, falls $A \cap B = \{\ \}$ (Additionssatz für unvereinbare Ereignisse)
- $P(A \cup B) = P(A) + P(B) - P(A \cap B)$ \qquad (Satz von Sylvester)

Der Ergebnisraum $\Omega = \{\omega_1; \omega_2; \ldots; \omega_n\}$ ist die Vereinigung aller Elementarereignisse. Also gilt: $P(\{\omega_1\}) + P(\{\omega_2\}) + \ldots + P(\{\omega_n\}) = 1$

 Ein Spielwürfel ist so beschwert, dass die Wahrscheinlichkeit einer Augenzahl direkt proportional zur Augenzahl selbst ist. Berechnen Sie die Wahrscheinlichkeit des Ereignisses A: „Die Augenzahl ist gerade".

Mit $\Omega = \{1; 2; 3; 4; 5; 6\}$ ergibt sich:

$P(\Omega) = P(\{1\}) + P(\{2\}) + P(\{3\}) + P(\{4\}) + P(\{5\}) + P(\{6\}) = 1$

Aus der Proportionalität der Wahrscheinlichkeiten der Elementarereignisse folgt:

$P(\{1\}) + 2 \cdot P(\{1\}) + 3 \cdot P(\{1\}) + 4 \cdot P(\{1\}) + 5 \cdot P(\{1\}) + 6 \cdot P(\{1\}) = 1 \quad \Leftrightarrow$

$$21 \cdot P(\{1\}) = 1 \quad \Leftrightarrow$$

$$P(\{1\}) = \frac{1}{21}$$

Somit ergibt sich für die Wahrscheinlichkeit des Ereignisses A:

$P(A) = P(\{2; 4; 6\}) = P(\{2\}) + P(\{4\}) + P(\{6\})$

$$= 2 \cdot P(\{1\}) + 4 \cdot P(\{1\}) + 6 \cdot P(\{1\}) = 2 \cdot \frac{1}{21} + 4 \cdot \frac{1}{21} + 6 \cdot \frac{1}{21} = \frac{12}{21} = \frac{4}{7}$$

2.2 Laplace-Experiment

Laplace-Experiment
Ein Zufallsexperiment mit dem Ergebnisraum $\Omega = \{\omega_1; \omega_2; \omega_3; \ldots; \omega_n\}$
heißt Laplace-Experiment, wenn alle Elementarereignisse die gleiche
Wahrscheinlichkeit haben, d. h., wenn gilt:

$$P(\{\omega_1\}) = P(\{\omega_2\}) = P(\{\omega_3\}) = \ldots = P(\{\omega_n\}) = p$$

Eine solche Wahrscheinlichkeitsverteilung nennt man Gleichverteilung.

Laplace-Wahrscheinlichkeit (Laplace-Regel)
Für die Wahrscheinlichkeit eines Ereignisses A gilt in diesem Fall:

$$P(A) = \frac{|A|}{|\Omega|} = \frac{\text{Anzahl der für A günstigen Ergebnisse}}{\text{Anzahl aller möglichen Ergebnisse}}$$

Ein Laplace-Würfel in Oktaeder-Form trägt auf
den Seitenflächen die Ziffern 1, 2, 3, 4, 5, 6, 7
und 8. Es wird einmal gewürfelt. Als Ergebnis
zählt die Augenzahl der Fläche, auf die das
Oktaeder fällt. Berechnen Sie die Wahrscheinlichkeit für das Ereignis A: „Die Augenzahl ist
durch 3 teilbar".

Für den Ergebnisraum gilt:
$\Omega = \{1; 2; 3; 4; 5; 6; 7; 8\}$ mit $|\Omega| = 8$

Für das Ereignis A gilt:
$A = \{3; 6\}$ mit $|A| = 2$

Nach der Laplace-Regel erhält man:

$$P(A) = \frac{|A|}{|\Omega|} = \frac{2}{8} = \frac{1}{4}$$

2.3 Baumdiagramm und Pfadregeln

Mehrstufige Zufallsexperimente lassen sich durch ein Baumdiagramm
veranschaulichen (vgl. Abschnitt 1.1). Für die Berechnung von Wahrscheinlichkeiten (von Elementarereignissen bzw. von anderen Ereignissen) mithilfe eines Baumdiagramms gelten die **Pfadregeln**.

Verzweigungsregel
Die Summe der Wahrscheinlichkeiten aller Äste (Zweige), die vom
selben Verzweigungspunkt ausgehen, beträgt 1.

1. Pfadregel (Multiplikationsregel für Pfade)
In einem mehrstufigen Zufallsexperiment ist die Wahrscheinlichkeit
eines *Elementarereignisses* gleich dem Produkt der Wahrscheinlichkeiten entlang des zugehörigen Pfades.

2. Pfadregel (Additionsregel für Pfade)
In einem mehrstufigen Zufallsexperiment ist die Wahrscheinlichkeit
eines *Ereignisses* gleich der Summe der Wahrscheinlichkeiten aller
Pfade im Baumdiagramm, die dieses Ereignis bilden.

Eine Urne enthält fünf schwarze (s) und eine weiße (w) Kugel.
Es wird dreimal eine Kugel **ohne** Zurücklegen gezogen.

- Bestimmen Sie mithilfe eines Baumdiagramms die Wahrscheinlichkeiten aller Elementarereignisse dieses Zufallsexperiments.

Der Urneninhalt verändert sich nach jedem Zug. Im nachfolgenden
Baumdiagramm ist der jeweilige Urneninhalt zu Beginn jedes Zugs
in Klammern angegeben. Die Ziehung der Kugeln ist ein dreistufiges Zufallsexperiment.

Baumdiagramm:

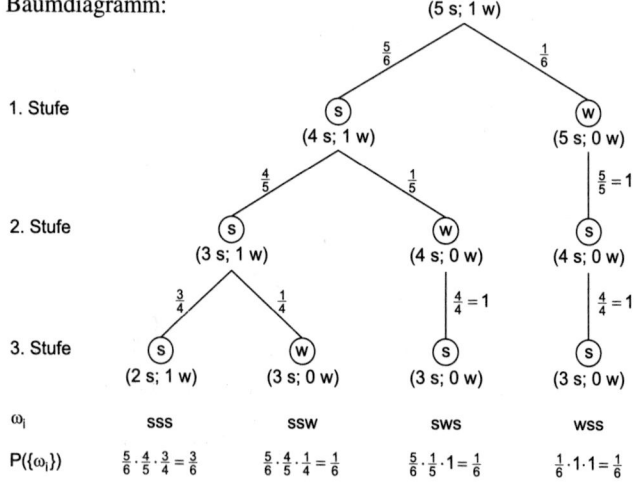

- Berechnen Sie die Wahrscheinlichkeiten folgender Ereignisse:

  E: „Es werden höchstens zwei schwarze Kugeln gezogen."

  F: „Es werden genau zwei schwarze Kugeln nacheinander gezogen."

In aufzählender Mengenschreibweise ist $E = \{ssw; sws; wss\}$ und $F = \{ssw; wss\}$.

Für die Wahrscheinlichkeiten ergibt sich mit den Pfadregeln:

$$P(E) = P(\{ssw\}) + P(\{sws\}) + P(\{wss\}) = \frac{1}{6} + \frac{1}{6} + \frac{1}{6} = \frac{3}{6} = \frac{1}{2}$$

$$P(F) = P(\{ssw\}) + P(\{wss\}) = \frac{1}{6} + \frac{1}{6} = \frac{2}{6} = \frac{1}{3}$$

- Beschreiben Sie das Ereignis $G = \overline{\overline{E} \cup F}$ möglichst einfach mit Worten und bestimmen Sie seine Wahrscheinlichkeit.

Es gilt:

$$G = \overline{\overline{E} \cup F}$$

$$= \overline{\overline{E}} \cap \overline{F} \qquad \text{(Gesetz von de Morgan)}$$

$$= E \cap \overline{F} \qquad \text{(Gesetz des doppelten Komplements)}$$

In aufzählender Mengenschreibweise ist $\overline{F} = \{sss; sws\}$ und somit $G = \{sws\}$.

In Worten lautet das Ereignis G: „Es werden abwechselnd eine schwarze und eine weiße Kugel gezogen – beginnend mit Schwarz."

Für die Wahrscheinlichkeit des Ereignisses G gilt:

$$P(G) = P(\{sws\}) = \frac{1}{6}$$

Reduziertes Baumdiagramm

Bei vielen mehrstufigen Zufallsexperimenten genügt es, das Baumdiagramm nur so weit zu zeichnen, dass man die Wahrscheinlichkeiten der gefragten Ereignisse ablesen kann. Man nennt dies ein reduziertes Baumdiagramm.

 Eine Urne enthält acht rote (r) und zwei grüne (g) Kugeln. Es werden nacheinander 5 Kugeln **ohne** Zurücklegen gezogen.

Bestimmen Sie die Wahrscheinlichkeiten folgender Ereignisse:

E: „Die zweite und die fünfte gezogene Kugel sind grün."

F: „Nur eine Kugel ist grün."

Das Elementarereignis E lässt sich durch den Pfad {rgrrg} darstellen:

Start $\xrightarrow{\frac{8}{10}}$ (r) $\xrightarrow{\frac{2}{9}}$ (g) $\xrightarrow{\frac{7}{8}}$ (r) $\xrightarrow{\frac{6}{7}}$ (r) $\xrightarrow{\frac{1}{6}}$ (g)

Für die Wahrscheinlichkeit ergibt sich mit der Multiplikationsregel:

$$P(E) = \frac{8}{10} \cdot \frac{2}{9} \cdot \frac{7}{8} \cdot \frac{6}{7} \cdot \frac{1}{6} = \frac{1}{45}$$

Das Ereignis F setzt sich aus 5 Pfaden zusammen, da die grüne Kugel als erste, zweite, dritte, vierte oder fünfte Kugel gezogen werden kann.

Wird die grüne Kugel zuerst gezogen, so ergibt sich folgendes reduziertes Baumdiagramm:

Start $\xrightarrow{\frac{2}{10}}$ (g) $\xrightarrow{\frac{8}{9}}$ (r) $\xrightarrow{\frac{7}{8}}$ (r) $\xrightarrow{\frac{6}{7}}$ (r) $\xrightarrow{\frac{5}{6}}$ (r)

Für die Wahrscheinlichkeit dieses Elementarereignisses folgt mit der Multiplikationsregel:

$$P(\{grrrr\}) = \frac{2}{10} \cdot \frac{8}{9} \cdot \frac{7}{8} \cdot \frac{6}{7} \cdot \frac{5}{6} = \frac{1}{9}$$

Wird die grüne Kugel als zweite gezogen, so ergibt sich:

$$P(\{rgrrr\}) = \frac{8}{10} \cdot \frac{2}{9} \cdot \frac{7}{8} \cdot \frac{6}{7} \cdot \frac{5}{6} = \frac{1}{9}$$

Jedes der 5 Elementarereignisse hat die gleiche Wahrscheinlichkeit $\frac{1}{9}$. Somit ergibt sich mit der Additionsregel:

$$P(F) = 5 \cdot \frac{1}{9} = \frac{5}{9}$$

2.4 Vierfeldertafel der Wahrscheinlichkeiten

Zur Berechnung der Wahrscheinlichkeiten von Ereignissen ist es oft zweckmäßig, die entsprechenden Wahrscheinlichkeiten in einer Vierfeldertafel darzustellen. Diese ist folgendermaßen aufgebaut:

Ω	B	$\overline{B}$	Randwahr-scheinlichkeit Σ
A	$P(A \cap B)$	$P(A \cap \overline{B})$	$P(A)$
$\overline{A}$	$P(\overline{A} \cap B)$	$P(\overline{A} \cap \overline{B})$	$P(\overline{A})$
Randwahr-scheinlichkeit Σ	$P(B)$	$P(\overline{B})$	$P(\Omega) = 1$

Bei einer Stellenausschreibung müssen die Bewerber Angaben zu ihren Kenntnissen in Fremdsprachen machen. 60 % der Bewerber sprechen Englisch (E), 45 % der Bewerber sprechen Französisch (F) und 80 % der Bewerber sprechen mindestens eine der beiden Fremdsprachen.

- Stellen Sie die zugehörige Vierfeldertafel auf.

Gegeben: $P(E) = 0,6$, $P(F) = 0,45$ und $P(E \cup F) = 0,8$

Mit dem Satz von Sylvester (vgl. Merkhilfe) gilt:
$P(E \cup F) = P(E) + P(F) - P(E \cap F) \Leftrightarrow$
$P(E \cap F) = P(E) + P(F) - P(E \cup F)$

Somit folgt:
$P(E \cap F) = 0,6 + 0,45 - 0,8 = 0,25$

Die Wahrscheinlichkeiten $P(E)$, $P(F)$ und $P(E \cap F)$ werden in eine Vierfeldertafel eingetragen (grau getönte Felder). Aus den Summenbedingungen errechnet man die fehlenden Werte.

Ω	F	$\overline{F}$	Σ
E	0,25	0,35	0,6
$\overline{E}$	0,2	0,2	0,4
Σ	0,45	0,55	1

- Berechnen Sie die Wahrscheinlichkeiten für die Ereignisse:
  A: „Ein Bewerber spricht keine der beiden Fremdsprachen."
  B: „Ein Bewerber spricht höchstens eine der beiden Fremdsprachen."
  C: „Ein Bewerber spricht entweder Englisch oder Französisch."

Es gilt: $A = \overline{E} \cap \overline{F}$
Diese Wahrscheinlichkeit lässt sich der Vierfeldertafel entnehmen:
$P(A) = P(\overline{E} \cap \overline{F}) = 0,2$

Es gilt: $B = \overline{E \cap F}$
$P(B) = P(\overline{E \cap F}) = 1 - P(E \cap F)$ (Gegenereignisregel)
$\quad\quad = 1 - 0,25 = 0,75$

Es gilt: $C = (E \cap \overline{F}) \cup (\overline{E} \cap F)$
Mit dem Additionssatz für unvereinbare Ereignisse ergibt sich:
$P(C) = P((E \cap \overline{F}) \cup (\overline{E} \cap F)) = P(E \cap \overline{F}) + P(\overline{E} \cap F)$
$\quad\quad = 0,35 + 0,2 = 0,55$

2.5 Bedingte Wahrscheinlichkeit

Bei einem Zufallsexperiment mit den möglichen Ereignissen A und B heißt

$$P_A(B) = \frac{P(A \cap B)}{P(A)}$$

die **bedingte Wahrscheinlichkeit** von B unter der Bedingung A.

Mithilfe von bedingten Wahrscheinlichkeiten lässt sich das vollständige Baumdiagramm für ein zweistufiges Zufallsexperiment mit den Ereignissen A und B wie folgt angeben:

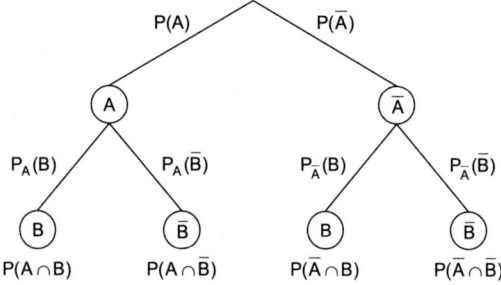

 Auf einem Flughafen sind 10 % der Reisenden Fernreisende (F). Unter den Fernreisenden befinden sich 85 % Pauschalreisende (Q). Der Anteil der Nicht-Pauschalreisenden unter allen Reisenden am Flughafen beträgt 20 %.
Ermitteln Sie mithilfe eines Baumdiagramms die Wahrscheinlichkeit dafür, dass ein im Flughafen zufällig herausgegriffener Pauschalreisender keine Fernreise unternimmt.

Gegeben:
- $P(F) = 10\,\% = 0,10$
- $P_F(Q) = 85\,\% = 0,85$
- $P(\overline{Q}) = 20\,\% = 0,20$ $\Leftrightarrow$

    $P(Q) = 1 - P(\overline{Q}) = 1 - 0,20 = 0,80$ (Gegenereignisregel)

Zu ermitteln ist die bedingte Wahrscheinlichkeit $P_Q(\overline{F})$.

Baumdiagramm:

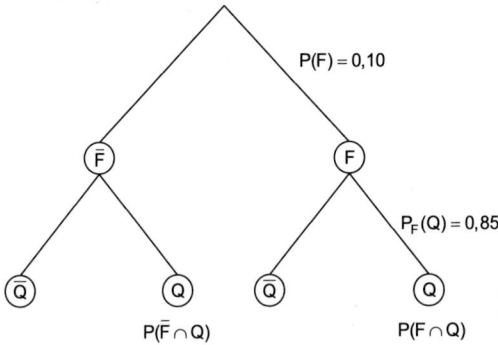

Mit der 1. Pfadregel folgt:

$P(F \cap Q) = P(F) \cdot P_F(Q) \qquad \Leftrightarrow$

$P(F \cap Q) = 0,10 \cdot 0,85 = 0,085$

Mit der 2. Pfadregel ergibt sich:

$P(Q) = P(F \cap Q) + P(\overline{F} \cap Q) \qquad \Leftrightarrow$

$P(\overline{F} \cap Q) = P(Q) - P(F \cap Q) \qquad \Leftrightarrow$

$P(\overline{F} \cap Q) = 0,80 - 0,085 = 0,715$

Somit folgt:

$P_Q(\overline{F}) = \dfrac{P(Q \cap \overline{F})}{P(Q)} = \dfrac{0,715}{0,80} = 0,89375$

Die Wahrscheinlichkeit dafür, dass ein im Flughafen zufällig herausgegriffener Pauschalreisender keine Fernreise unternimmt, beträgt etwa 89,4 %.

2.6 Stochastische Unabhängigkeit

Zwei Ereignisse A und B heißen genau dann stochastisch unabhängig,
wenn gilt:
$$P(A \cap B) = P(A) \cdot P(B)$$
Gilt diese Gleichung nicht, dann heißen die Ereignisse A und B
stochastisch abhängig.

Bemerkung: Die Begriffe Unvereinbarkeit und Unabhängigkeit von
Ereignissen dürfen nicht verwechselt werden. Für unvereinbare Ereignisse A und B gilt $A \cap B = \{ \}$ und somit $P(A \cap B) = P(\{ \}) = 0$.

Ein elektronisches Gerät funktioniert nur dann, wenn die darin enthaltenen Bauteile A und B beide einwandfrei arbeiten. Das Bauteil A fällt
mit der Wahrscheinlichkeit $P(A) = 5\%$ aus und das Bauteil B mit der
Wahrscheinlichkeit $P(B) = 20\%$. Die Wahrscheinlichkeit, dass beide
Bauteile funktionieren, beträgt 76 %.
Prüfen Sie mithilfe einer Vierfeldertafel, ob die Defekte in den Bauteilen unabhängig voneinander auftreten.

Die gegebenen Wahrscheinlichkeiten
$P(A) = 0,05$, $P(B) = 0,20$ und
$P(\overline{A} \cap \overline{B}) = 0,76$ werden in eine Vierfeldertafel eingetragen (grau getönte
Felder).

Ω	B	$\overline{B}$	Σ
A	0,01	0,04	0,05
$\overline{A}$	0,19	0,76	0,95
Σ	0,20	0,80	1

Die Wahrscheinlichkeit der Schnittmenge der Ereignisse A und B
kann der vollständigen Vierfeldertafel entnommen werden. Es gilt:
$$P(A \cap B) = 0,01$$
Die Multiplikation der Randwahrscheinlichkeiten ergibt:
$$P(A) \cdot P(B) = 0,05 \cdot 0,20 = 0,01$$
Somit gilt:
$$P(A \cap B) = P(A) \cdot P(B)$$
$\Rightarrow$ Die Defekte in den Bauteilen treten unabhängig voneinander auf.

3 Kombinatorik

Die Bestimmung der Mächtigkeit des Ergebnisraumes Ω und seiner Teilmengen ist oft schwierig. Die Kombinatorik stellt Berechnungsformeln für das Abzählen schwer überschaubarer Mengen zur Verfügung. Mithilfe der Laplace-Regel kann damit die Wahrscheinlichkeit eines Ereignisses bestimmt werden.

3.1 Allgemeines Zählprinzip

Die Darstellung von mehrstufigen Zufallsexperimenten ist in einem vollständigen Baumdiagramm meist sehr aufwendig. In vielen Fällen kann mithilfe des allgemeinen Zählprinzips die Mächtigkeit des Ergebnisraumes Ω auf einfache Weise bestimmt werden.

Allgemeines Zählprinzip (Abzählregel)
Beträgt die Anzahl der zur Verfügung stehenden Möglichkeiten bei einem n-stufigen Zufallsexperiment auf den einzelnen Stufen $k_1, k_2, \ldots, k_n$ (unabhängig von der Wahl bei den jeweils vorangehenden Stufen), so gibt es $k_1 \cdot k_2 \cdot \ldots \cdot k_n$ verschiedene Ergebnisse.

1. Eine Autofirma bietet ein neues Modell an. Dabei kann der Kunde seinen Neuwagen individuell konfigurieren. Es besteht die Auswahl zwischen zwei verschiedenen Motoren (M), drei verschiedenen Farben (F) und zwei verschiedenen Innenausstattungen (I). Wie viele verschiedene Möglichkeiten der Konfiguration hat der Kunde?

Die Konfiguration eines Neuwagens kann als dreistufiges Zufallsexperiment aufgefasst werden. In der ersten Stufe wählt man aus zwei verschiedenen Motoren $M = \{a; b\}$, in der 2. Stufe aus drei verschiedenen Farben $F = \{1; 2; 3\}$ und in der 3. Stufe aus zwei verschiedenen Innenausstattungen $I = \{x; y\}$.

Das dreistufige Zufallsexperiment hat $|M| \cdot |F| \cdot |I| = 2 \cdot 3 \cdot 2 = 12$ Ergebnisse. Der Kunde kann also unter 12 verschiedenen Konfigurationen auswählen.

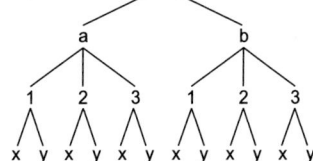

2. Ein Autokennzeichen besteht neben dem Städtesymbol aus einem oder zwei Buchstaben sowie aus den Zahlen von 1 bis 9 999. Wie viele verschiedene Ortskennzeichen von Kraftfahrzeugen können von der Zulassungsstelle maximal ausgegeben werden, wenn man alle 26 Buchstaben des lateinischen Alphabets verwenden kann?

Die Auswahl eines Ortskennzeichens kann als zweistufiges Zufallsexperiment aufgefasst werden. In der ersten Stufe wählt man entweder einen oder zwei Buchstaben aus. Dafür gibt es

$$n_1 = \underbrace{26}_{\substack{1 \text{ Buchstabe}}} + \underbrace{26 \cdot 26}_{\substack{2 \text{ Buchstaben} \\ \text{(Abzählregel)}}} = 27 \cdot 26 \text{ Möglichkeiten.}$$

In der zweiten Stufe wählt man eine Zahl zwischen 1 und 9 999. Es sind also $n_2 = 9\,999$ Zahlen möglich.

Für die Gesamtzahl m der Möglichkeiten gilt mit der Abzählregel:
$$m = n_1 \cdot n_2 = 27 \cdot 26 \cdot 9\,999 = 7\,019\,298$$

Es gibt somit rund 7 Millionen Möglichkeiten.

3.2 Binomialkoeffizient

Fakultät

n! ist das Produkt der natürlichen Zahlen von 1 bis n:
$$n! = 1 \cdot 2 \cdot 3 \cdot \ldots \cdot (n-1) \cdot n \quad (\text{für } n \geq 2)$$
Man definiert $0! = 1$ und $1! = 1$.

Binomialkoeffizient

$$\binom{n}{k} = \frac{n!}{k! \cdot (n-k)!} = \frac{n \cdot (n-1) \cdot (n-2) \cdot \ldots \cdot (n-(k-1))}{1 \cdot 2 \cdot 3 \cdot \ldots \cdot k} \quad (\text{für } 0 \leq k \leq n)$$

Speziell gilt:
$$\binom{n}{0} = 1, \binom{n}{1} = n, \binom{n}{n} = 1$$

n! ist die Anzahl der Möglichkeiten, n unterscheidbare Elemente in einer Reihe anzuordnen.

$\binom{n}{k}$ (sprich: k aus n) ist die Anzahl der Möglichkeiten, aus einer Menge mit n Elementen k Elemente ohne Berücksichtigung der Reihenfolge auszuwählen.

Bemerkung: Die Fakultät einer natürlichen Zahl n kann mit der Funktionstaste „!" des Taschenrechners bestimmt werden. Die Binomialkoeffizienten können mit der Funktionstaste „nCr" des Taschenrechners bestimmt werden.

1. In einer 4×400-m-Staffel muss die Startreihenfolge der Läufer Anton, Boris, Christian und Daniel festgelegt werden. Bestimmen Sie die Anzahl m der Möglichkeiten für die Startreihenfolge.

   Es gibt
   4 Möglichkeiten, den 1. Startplatz zu besetzen,
   3 Möglichkeiten, den 2. Startplatz zu besetzen,
   2 Möglichkeiten, den 3. Startplatz zu besetzen,
   1 Möglichkeit, den 4. Startplatz zu besetzen.

   Die Anzahl der Möglichkeiten für die Startreihenfolge beträgt somit:
   $m = 4! = 4 \cdot 3 \cdot 2 \cdot 1 = 24$

2. Die Anzahl der verschiedenen Ergebnisse beim Lotto „6 aus 49" beträgt:
   $$\binom{49}{6} = \frac{49 \cdot 48 \cdot 47 \cdot 46 \cdot 45 \cdot 44}{1 \cdot 2 \cdot 3 \cdot 4 \cdot 5 \cdot 6} = 13\,983\,816$$

3. In einer Abteilung, in der sechs Frauen und vier Männer arbeiten, werden drei Personen für eine Fortbildungsmaßnahme rein zufällig ausgewählt. Bestimmen Sie die Wahrscheinlichkeit des Ereignisses E: „Es werden eine Frau und zwei Männer ausgewählt."

   Die Wahrscheinlichkeit des Ereignisses E ergibt sich mithilfe der Laplace-Regel (vgl. Abschnitt 2.2). Es gilt:

   $|\Omega| = \binom{10}{3} = 120$ (Aus 10 Personen werden 3 verschiedene ohne Berücksichtigung der Reihenfolge ausgewählt.)

   $|E| = \underbrace{\binom{6}{1}}_{\substack{\text{Anzahl der Möglich-}\\\text{keiten, aus 6 Frauen}\\\text{eine auszuwählen}}} \cdot \underbrace{\binom{4}{2}}_{\substack{\text{Anzahl der Möglich-}\\\text{keiten, aus 4 Männern}\\\text{zwei auszuwählen}}} = 6 \cdot 6 = 36$

   $\Rightarrow P(E) = \frac{|E|}{|\Omega|} = \frac{36}{120} = \frac{3}{10}$

4 Bernoulli-Ketten

Bernoulli-Experiment
Ein Zufallsexperiment, dessen Ergebnisraum nur zwei Ergebnisse enthält, heißt Bernoulli-Experiment. Diese zwei Ausgänge werden meist als Treffer (T) und Niete (N) bezeichnet. Der Ergebnisraum eines Bernoulli-Experiments lässt sich dann in der Form $\Omega = \{T; N\}$ mit $N = \overline{T}$ darstellen. Die Wahrscheinlichkeit für das Eintreten eines Treffers heißt Trefferwahrscheinlichkeit und wird mit p bezeichnet; $P(\{T\}) = p$. Die Wahrscheinlichkeit für das Eintreten einer Niete heißt Nietenwahrscheinlichkeit und wird mit q bezeichnet; $P(\{N\}) = q = 1 - p$.

Bernoulli-Kette
Ein Zufallsexperiment, das aus n unabhängigen Durchführungen eines Bernoulli-Experiments mit konstanter Trefferwahrscheinlichkeit p besteht, heißt Bernoulli-Kette der Länge n mit dem Parameter p.

Bernoulli-Formel
Bei einer Bernoulli-Kette der Länge n mit dem Parameter p gilt für die Wahrscheinlichkeit, genau k Treffer zu erzielen:

$P(\text{„genau k Treffer“}) = P(X = k) = \binom{n}{k} \cdot p^k \cdot q^{n-k}$ für $k = 0, 1, 2, \ldots, n$

Für $P(X = k)$ verwendet man auch die Bezeichnung $B(n; p; k)$.
(X beschreibt die Anzahl der Treffer.)

Die folgende Übersicht erleichtert die Umformulierung von Ereignissen zu Bernoulli-Ketten.

Ereignis	Wahrscheinlichkeit
genau k Treffer	$P(X = k) = \binom{n}{k} \cdot p^k \cdot q^{n-k}$
höchstens k Treffer	$P(X \leq k) = P(X = 0) + P(X = 1) + \ldots + P(X = k)$
weniger als k Treffer	$P(X < k) = P(X \leq k - 1)$
mindestens k Treffer	$P(X \geq k) = 1 - P(X \leq k - 1)$
mehr als k Treffer	$P(X > k) = 1 - P(X \leq k)$
mindestens k und höchstens m Treffer	$P(k \leq X \leq m) = P(X \leq m) - P(X \leq k - 1)$

1. Ein idealer Würfel wird sechsmal geworfen. Vereinbart man das Werfen einer 6 als Treffer, so liegt eine Bernoulli-Kette mit der Länge n = 6 und dem Parameter $p = \frac{1}{6}$ vor.

A: „In genau vier Würfen fällt die Augenzahl 6."

$$P(A) = P(X = 4) = \binom{6}{4} \cdot \left(\frac{1}{6}\right)^4 \cdot \left(\frac{5}{6}\right)^2 \approx 0,0080$$

B: „Es wird mindestens viermal eine 6 gewürfelt."

$$P(B) = P(X \geq 4) = P(X = 4) + P(X = 5) + P(X = 6)$$

$$= \binom{6}{4} \cdot \left(\frac{1}{6}\right)^4 \cdot \left(\frac{5}{6}\right)^2 + \binom{6}{5} \cdot \left(\frac{1}{6}\right)^5 \cdot \left(\frac{5}{6}\right)^1 + \binom{6}{6} \cdot \left(\frac{1}{6}\right)^6 \cdot \left(\frac{5}{6}\right)^0$$

$$\approx 0,0087$$

C: „Es tritt höchstens zweimal eine 6 auf."

$$P(C) = P(X \leq 2) = P(X = 0) + P(X = 1) + P(X = 2)$$

$$= \binom{6}{0} \cdot \left(\frac{1}{6}\right)^0 \cdot \left(\frac{5}{6}\right)^6 + \binom{6}{1} \cdot \left(\frac{1}{6}\right)^1 \cdot \left(\frac{5}{6}\right)^5 + \binom{6}{2} \cdot \left(\frac{1}{6}\right)^2 \cdot \left(\frac{5}{6}\right)^4$$

$$\approx 0,9377$$

D: „Es tritt mindestens zweimal und höchstens viermal eine 6 auf."

$$P(D) = P(2 \leq X \leq 4) = P(X = 2) + P(X = 3) + P(X = 4)$$

$$= \binom{6}{2} \cdot \left(\frac{1}{6}\right)^2 \cdot \left(\frac{5}{6}\right)^4 + \binom{6}{3} \cdot \left(\frac{1}{6}\right)^3 \cdot \left(\frac{5}{6}\right)^3 + \binom{6}{4} \cdot \left(\frac{1}{6}\right)^4 \cdot \left(\frac{5}{6}\right)^2$$

$$\approx 0,2626$$

E: „Im ersten und letzten Wurf und in genau zwei weiteren Würfen fällt die Augenzahl 6."

$$P(E) = \underbrace{\frac{1}{6}}_{\text{1. Wurf}} \cdot \underbrace{\binom{4}{2} \cdot \left(\frac{1}{6}\right)^2 \cdot \left(\frac{5}{6}\right)^2}_{\substack{\text{genau zweimal} \\ \text{die Augenzahl 6} \\ \text{bei vier Würfen}}} \cdot \underbrace{\frac{1}{6}}_{\text{6. Wurf}} \approx 0,0032 \quad \textbf{(bestimmte Serie)}$$

F: „Es wird genau viermal hintereinander eine 6 gewürfelt."
Mögliche Fälle sind: $\underline{6} \ \underline{6} \ \underline{6} \ \underline{6} \ \underline{} \ \underline{}$

$\phantom{\text{Mögliche Fälle sind: }} \underline{} \ \underline{6} \ \underline{6} \ \underline{6} \ \underline{6} \ \underline{}$

$\phantom{\text{Mögliche Fälle sind: }} \underline{} \ \underline{} \ \underline{6} \ \underline{6} \ \underline{6} \ \underline{6}$

Für jeden dieser Fälle ist die Wahrscheinlichkeit $\left(\frac{1}{6}\right)^4 \cdot \left(\frac{5}{6}\right)^2$.

$$\Rightarrow \quad P(F) = 3 \cdot \left(\frac{1}{6}\right)^4 \cdot \left(\frac{5}{6}\right)^2 \approx 0,0016 \quad \textbf{(bestimmte Serie)}$$

2. Ein elektrisches Gerät besteht aus 15 voneinander unabhängigen Bauteilen. Das Gerät ist defekt, wenn auch nur ein Bauteil davon ausfällt. Aus Erfahrung weiß man, dass für jedes Bauteil die Wahrscheinlichkeit, während eines einjährigen Betriebes auszufallen, 0,11 % beträgt.

Vereinbart man den Ausfall eines Bauteils als Treffer, so kann das Zusammenwirken aller Bauteile als Bernoulli-Kette der Länge $n = 15$ mit dem Parameter $p = 0,0011$ angesehen werden.

- Wie groß ist die Wahrscheinlichkeit, dass das Gerät im Laufe eines Jahres defekt wird?

  Die Wahrscheinlichkeit ergibt sich mit der Gegenereignisregel:

  P(„mind. ein Bauteil fällt aus") $= 1 - $ P(„kein Bauteil fällt aus")

  $$P(X \geq 1) = 1 - P(X = 0) = 1 - (1 - 0,0011)^{15} \approx 0,0164$$

- Bestimmen Sie die maximale Ausfallrate p_{max}, für die das Gerät nach einem Jahr mit einer Sicherheit von mindestens 99 % noch intakt ist.

  Ereignis F: „Alle Bauteile sind intakt."
  Es soll gelten: $P(F) \geq 0,99$
  Somit:

  $$P(F) = (1 - p_{max})^{15} \geq 0,99$$
  $$1 - p_{max} \geq \sqrt[15]{0,99} \qquad \Leftrightarrow$$
  $$p_{max} \leq 1 - \sqrt[15]{0,99} \qquad \Leftrightarrow$$
  $$p_{max} \leq 0,000669$$

  Die maximale Ausfallrate p_{max} darf höchstens 0,0669 % sein.

Bemerkung: Bei langen Bernoulli-Ketten können die Berechnungen von Wahrscheinlichkeiten mit der Bernoulli-Formel und die Summenbildung (Kumulierung) sehr aufwendig sein. Deshalb sind in den Tafelwerken zur Stochastik für häufig auftretende Werte von n und p die Wahrscheinlichkeiten für die zugehörigen Bernoulli-Ketten unter dem Namen „Binomialverteilung" tabellarisch angegeben (mehr dazu im Abschnitt 5.3).

5   Zufallsgrößen

5.1 Zufallsgröße und Wahrscheinlichkeitsverteilung

Zufallsgröße
Es sei Ω der Ergebnisraum eines Zufallsexperiments. Eine Funktion, die jedem Ergebnis ω_1, ω_2, ..., ω_n aus Ω eine reelle Zahl x_1, x_2, ..., x_n zuordnet, heißt Zufallsgröße X des Zufallsexperiments. Die zugeordneten Zahlen bezeichnet man als Zufallswerte der Zufallsgröße.

Wahrscheinlichkeitsverteilung
Die Funktion, die jedem Zufallswert x_1, x_2, ..., x_n die Wahrscheinlichkeit $P(X=x_1)$, $P(X=x_2)$, ..., $P(X=x_n)$ zuordnet, mit der dieser angenommen wird, heißt Wahrscheinlichkeitsverteilung der Zufallsgröße X. Dabei muss die Summe der Wahrscheinlichkeiten stets 1 ergeben:

$$\sum_{i=1}^{n} P(X=x_i) = P(X=x_1)+P(X=x_2)+...+P(X=x_n)=1 \quad \text{(Normierungs-bedingung)}$$

Bemerkung: Als grafische Darstellung einer Wahrscheinlichkeitsverteilung eignen sich besonders ein Histogramm (Rechteckbreite $\Delta x = 1$) oder ein Stabdiagramm.

 1. Eine Münze wird dreimal geworfen. Es wird nebenstehender Spielplan vereinbart. Ermitteln Sie die Wahrscheinlichkeitsverteilung der Zufallsgröße X, die die Höhe des Gewinns angibt, und stellen Sie diese geeignet grafisch dar.

Wurfbild	Bewertung
Z__	Gewinn 2 €
WZ_	Gewinn 1 €
WWZ	Verlust 1 €
WWW	Verlust 3 €

Interpretiert man den Verlust als negativen Gewinn, so lässt sich jedem Ergebnis durch den Spielplan eine der Gewinnzahlen 2, 1, −1 und −3 zuordnen. Es ergibt sich die folgende Tabelle (Zufallswerte x ohne Maßeinheit €):

$\omega \in \Omega$	ZZZ	ZZW	ZWZ	ZWW	WZZ	WZW	WWZ	WWW
$X(\omega)=x$	2	2	2	2	1	1	−1	−3

Ordnet man allen Zufallswerten die entsprechende Wahrscheinlichkeit zu, so ergibt sich folgende Tabelle:

x	2	1	−1	−3
$P(X=x)$	$\frac{1}{8}+\frac{1}{8}+\frac{1}{8}+\frac{1}{8}=\frac{4}{8}$	$\frac{1}{8}+\frac{1}{8}=\frac{2}{8}$	$\frac{1}{8}$	$\frac{1}{8}$

Histogramm (Rechteckbreite $\Delta x = 1$):

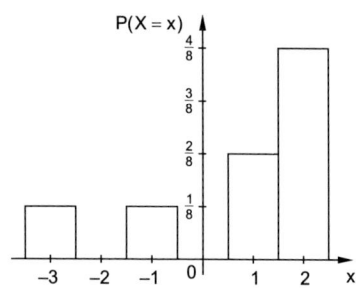

2. Gegeben sind eine Zufallsgröße X und ihre Wahrscheinlichkeitsverteilung mit den reellen Parametern a und b:

x	0	1	2	3	4	5
$P(X=x)$	0,1	a	2a	4a+b	0,1	b

Berechnen Sie die Werte a und b, wenn $P(X<3)=0,4$ gilt.

Die Normierungsbedingung $\sum\limits_{i=1}^{n} P(X=x_i)=1$ führt auf die Gleichung:

I $\quad 0,1+a+2a+4a+b+0,1+b=1 \quad\Leftrightarrow\quad 7a+2b=0,8$

Die Bedingung $P(X<3)=0,4 \quad\Leftrightarrow\quad P(X=0)+P(X=1)+P(X=2)=0,4$
führt auf die Gleichung:

II $\quad 0,1+a+2a=0,4 \qquad\Leftrightarrow$
$\qquad\qquad 3a=0,3 \qquad\Leftrightarrow$
$\qquad\qquad\quad a=0,1 \qquad$ eingesetzt in I ergibt:

I' $\quad 7\cdot 0,1+2b=0,8 \qquad\Leftrightarrow$
$\qquad\qquad\quad 2b=0,1 \qquad\Leftrightarrow$
$\qquad\qquad\quad\ b=0,05$

Die Lösungen sind $a=0,1$ und $b=0,05$.

5.2 Maßzahlen einer Zufallsgröße

Eine Zufallsgröße X mit der Wahrscheinlichkeitsverteilung

x	x_1	x_2	...	x_n
$P(X=x)$	$P(X=x_1)$	$P(X=x_2)$	...	$P(X=x_n)$

- besitzt den **Erwartungswert** $\mu = E(X)$ mit:

  $E(X) = x_1 \cdot P(X=x_1) + x_2 \cdot P(X=x_2) + \ldots + x_n \cdot P(X=x_n)$

- besitzt die **Varianz** Var(X) mit:

  $Var(X) = (x_1 - \mu)^2 \cdot P(X=x_1) + (x_2 - \mu)^2 \cdot P(X=x_2) + \ldots$
  $\qquad + (x_n - \mu)^2 \cdot P(X=x_n)$

- besitzt die **Standardabweichung** σ mit:

  $\sigma = \sqrt{Var(X)}$

Bemerkungen:
- Die Standardabweichung hat gegenüber der Varianz unter anderem den Vorteil, dass sie die gleiche Einheit wie die Zufallsgröße hat.
- Ein Glücksspiel heißt **fair**, wenn die Zufallsgröße, die den Gewinn angibt, einen Erwartungswert von 0 € hat.

 Für die Wahrscheinlichkeitsverteilung des einführenden Beispiels gilt (siehe Seite 66):

x	2	1	−1	−3
$P(X=x)$	$\frac{4}{8}$	$\frac{2}{8}$	$\frac{1}{8}$	$\frac{1}{8}$

Für den **Erwartungswert** $\mu = E(X)$ der Zufallsgröße X ergibt sich:

$E(X) = 2 \cdot \frac{4}{8} + 1 \cdot \frac{2}{8} + (-1) \cdot \frac{1}{8} + (-3) \cdot \frac{1}{8} = \frac{6}{8} = \frac{3}{4} = 0,75$

Das Ergebnis lässt sich im Sinne des zugrunde liegenden Glücksspiels wie folgt interpretieren: Der Spieler kann im Durchschnitt pro Spiel mit einem Gewinn von 0,75 € rechnen. Das Glücksspiel ist nicht fair.

Für die **Varianz** ergibt sich mit $\mu = \frac{3}{4}$:

$Var(X) = \left(2 - \frac{3}{4}\right)^2 \cdot \frac{4}{8} + \left(1 - \frac{3}{4}\right)^2 \cdot \frac{2}{8} + \left(-1 - \frac{3}{4}\right)^2 \cdot \frac{1}{8} + \left(-3 - \frac{3}{4}\right)^2 \cdot \frac{1}{8} = \frac{47}{16}$

Für die **Standardabweichung** gilt:

$$\sigma = \sqrt{\frac{47}{16}} = \frac{\sqrt{47}}{4}$$

Um den Rechenaufwand bei der Bestimmung der Varianz zu verringern, eignet sich die sogenannte Verschiebungsformel:

Verschiebungsformel der Varianz (vgl. Merkhilfe)
$\mathrm{Var}(X) = E(X^2) - \mu^2$

Anwenden der Verschiebungsformel auf das obige Beispiel:

$$\mathrm{Var}(X) = 2^2 \cdot \frac{4}{8} + 1^2 \cdot \frac{2}{8} + (-1)^2 \cdot \frac{1}{8} + (-3)^2 \cdot \frac{1}{8} - \left(\frac{3}{4}\right)^2 = \frac{47}{16}$$

Standardabweichung um den Erwartungswert

Oft interessiert man sich für die Wahrscheinlichkeit, dass die Zufallswerte einer Zufallsgröße X innerhalb der einfachen Standardabweichung um den Erwartungswert μ liegen, d. h. $\mu - \sigma < X < \mu + \sigma$ (bzw. äquivalent $|X - \mu| < \sigma$) gilt. Für die Wahrscheinlichkeit dieser Zufallswerte schreibt man $P(|X - \mu| < \sigma)$.

Vorgehensweise zur Berechnung der Wahrscheinlichkeit

Schritt 1: Angeben der Wahrscheinlichkeitsverteilung der Zufallsgröße X.

Schritt 2: Berechnen des Erwartungswertes, der Varianz und der Standardabweichung der Zufallsgröße X.

Schritt 3: Auflösen der Betragsungleichung $|X - \mu| < \sigma$ und Bestimmen der Wahrscheinlichkeit $P(|X - \mu| < \sigma)$.

Gegeben ist die Zufallsgröße X mit folgender Wahrscheinlichkeitsverteilung:

x	0	1	2	3	4	5	6
P(X = x)	0,05	0,1	0,2	0,3	0,2	0,1	0,05

Bestimmen Sie die Wahrscheinlichkeit dafür, dass die Zufallswerte innerhalb der einfachen Standardabweichung um den Erwartungswert liegen.

Schritt 1: siehe Angabe

Schritt 2:

Für den Erwartungswert $\mu = E(X)$ gilt:

$E(X) = 0 \cdot 0,05 + 1 \cdot 0,1 + 2 \cdot 0,2 + 3 \cdot 0,3 + 4 \cdot 0,2 + 5 \cdot 0,1 + 6 \cdot 0,05 = 3$

Für die Varianz folgt mit der Verschiebungsformel:

$$Var(X)$$
$$= 0^2 \cdot 0,05 + 1^2 \cdot 0,1 + 2^2 \cdot 0,2 + 3^2 \cdot 0,3 + 4^2 \cdot 0,2 + 5^2 \cdot 0,1 + 6^2 \cdot 0,05 - 3^2$$
$$= 2,1$$

Für die Standardabweichung σ ergibt sich:

$$\sigma = \sqrt{Var(X)} = \sqrt{2,1} \approx 1,45$$

Schritt 3:

Die Zufallswerte liegen innerhalb der einfachen Standardabweichung um den Erwartungswert $\mu = E(X)$, wenn gilt:

$|X - \mu| < \sigma$

Somit:

$|X - 3| < 1,45 \quad \Leftrightarrow \quad -1,45 < X - 3 < 1,45 \quad \Leftrightarrow \quad 1,55 < X < 4,45$

$$\Rightarrow \quad P(|X - \mu| < \sigma) = P(|X - 3| < 1,45) = P(1,55 < X < 4,45)$$
$$= P(X = 2) + P(X = 3) + P(X = 4)$$
$$= 0,2 + 0,3 + 0,2 = 0,7$$

5.3 Binomialverteilte Zufallsgrößen

Ein Zufallsexperiment sei eine Bernoulli-Kette der Länge n mit dem Parameter p. Wählt man als Zufallsgröße X die Anzahl k der erzielten Treffer, dann ergeben sich die Zufallswerte k = 0, 1, 2, ..., n. Ordnet man diesen Zufallswerten die Wahrscheinlichkeiten

$$P(X = k) = B(n; p; k) = \binom{n}{k} \cdot p^k \cdot q^{n-k}$$

zu, so heißt die Zufallsgröße **binomialverteilt nach B(n; p)**. Ihre Wahrscheinlichkeitsverteilung nennt man **Binomialverteilung**.

Für eine B(n; p)-verteilte Zufallsgröße X gilt (vgl. Merkhilfe):
- Erwartungswert: $\mu = E(X) = n \cdot p$
- Varianz: $\text{Var}(X) = n \cdot p \cdot (1 - p)$

 Eine Urne enthält 2 weiße und 4 schwarze Kugeln. Es werden 6 Kugeln **mit** Zurücklegen gezogen. Die Zufallsgröße X gibt die Anzahl der gezogenen schwarzen Kugeln (Treffer) an.

Es liegt eine Bernoulli-Kette der Länge $n = 6$ mit dem Parameter $p = \frac{4}{6} = \frac{2}{3}$ vor. Die Zufallsgröße X ist binomialverteilt nach $B\left(6; \frac{2}{3}\right)$.

- Ermitteln Sie die Wahrscheinlichkeitsverteilung der Zufallsgröße X und berechnen Sie den Erwartungswert und die Varianz von X sowie die Wahrscheinlichkeit des Ereignisses E: „Die Trefferzahl ist mindestens 5".

Berechnet man die Wahrscheinlichkeiten für $k = 0, 1, 2, \ldots, 6$ mit der Bernoulli-Formel

$$P(X = k) = \binom{6}{k} \cdot \left(\frac{2}{3}\right)^k \cdot \left(\frac{1}{3}\right)^{6-k},$$

so erhält man die Wahrscheinlichkeitsverteilung:

x	0	1	2	3	4	5	6
$P(X = x)$	$\frac{1}{729}$	$\frac{12}{729}$	$\frac{60}{729}$	$\frac{160}{729}$	$\frac{240}{729}$	$\frac{192}{729}$	$\frac{64}{729}$

Es gilt:
$$E(X) = n \cdot p$$
$$= 6 \cdot \frac{2}{3} = 4$$

$$\text{Var}(X) = n \cdot p \cdot (1 - p)$$
$$= 6 \cdot \frac{2}{3} \cdot \frac{1}{3} = \frac{4}{3}$$

$$P(E) = P(X \geq 5) = P(X = 5) + P(X = 6)$$
$$= \frac{192}{729} + \frac{64}{729} = \frac{256}{729}$$

- Stellen Sie die zugehörige Wahrscheinlichkeitsverteilung in einem Histogramm dar und schraffieren Sie im Histogramm die Fläche, die zur Wahrscheinlichkeit des Ereignisses E gehört.

Histogramm (Rechteckbreite $\Delta x = 1$):

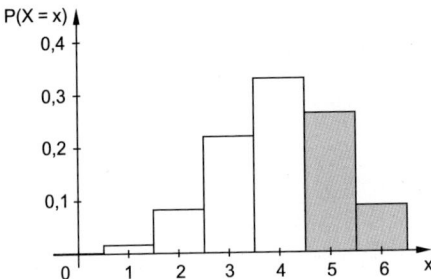

Tafelwerk zur Binomialverteilung

Bei einer binomialverteilten Zufallsgröße kann zur Berechnung von Wahrscheinlichkeiten das Tafelwerk herangezogen werden. In diesem sind für häufig auftretende Werte von n und p die Werte $B(n; p; k)$ und die kumulierten (aufsummierten) Wahrscheinlichkeiten $\sum\limits_{i=0}^{k} B(n; p; i)$ erfasst.

Wenn X eine $B(n; p)$-verteilte Zufallsgröße ist, dann tauchen die kumulierten Wahrscheinlichkeiten z. B. bei der Berechnung folgender Wahrscheinlichkeiten auf:

$$(1)\ P(X \leq b) = \sum_{i=0}^{b} B(n; p; i) \qquad \text{bzw.} \qquad P(X < b) = \sum_{i=0}^{b-1} B(n; p; i)$$

$$(2)\ P(X \geq b) = 1 - \sum_{i=0}^{b-1} B(n; p; i) \qquad \text{bzw.} \qquad P(X > b) = 1 - \sum_{i=0}^{b} B(n; p; i)$$

$$(3)\ P(a \leq X \leq b) = \sum_{i=0}^{b} B(n; p; i) - \sum_{i=0}^{a-1} B(n; p; i) \qquad (\text{für } a < b)$$

$$(4)\ P(a < X \leq b) = \sum_{i=0}^{b} B(n; p; i) - \sum_{i=0}^{a} B(n; p; i) \qquad (\text{für } a < b)$$

Vorgehensweise

Schritt 1: Im Tafelwerk in der Kopfzeile nach dem entsprechenden Parameterwert p suchen.

Schritt 2: In der linken Randspalte nach dem Wert n suchen.

Schritt 3: In der 2. Spalte den Wert k suchen.

Schritt 4: In der zugehörigen Zeile kann man in den Spalten, die zu dem ausgewählten Parameterwert p gehören, die Wahrscheinlichkeit B(n; p; k) und die kumulierte Wahrscheinlichkeit $\sum\limits_{i=0}^{k} B(n; p; i)$ ablesen.

 Rechts ist ein Ausschnitt aus dem Tafelwerk für $p = \frac{1}{6}$, n = 50 und $0 \le k \le 13$ dargestellt.

		$p = \frac{1}{6}$	
n	k	B(n; p; k)	$\sum\limits_{i=0}^{k} B(n; p; i)$
50	0	0,00011	0,00011
	1	0,00110	0,00121
	2	0,00538	0,00659
	3	0,01723	0,02382
	4	0,04049	0,06431
	5	0,07450	0,13882
	6	0,11175	0,25057
	7	0,14049	0,39106
	8	0,15103	0,54209
	9	0,14096	0,68304
	10	0,11559	0,79863
	11	0,08406	0,88269
	12	0,05464	0,93733
	13	0,03194	0,96928

Ein Laplace-Würfel wird 50-mal geworfen. Berechnen Sie die Wahrscheinlichkeit folgender Ereignisse:

A: „Es tritt genau elfmal eine 6 auf."

B: „Es tritt höchstens elfmal eine 6 auf."

C: „Es tritt mehr als elfmal eine 6 auf."

D: „Es tritt mindestens fünfmal und höchstens elfmal eine 6 auf."

Die Zufallsgröße X gibt die Anzahl der Sechsern an. X ist binomialverteilt nach $B\left(50; \frac{1}{6}\right)$.

Es gilt:

$$P(A) = P(X = 11) = B\left(50; \frac{1}{6}; 11\right) = 0,08406$$

$$P(B) = P(X \le 11) = \sum\limits_{i=0}^{11} B\left(50; \frac{1}{6}; i\right) = 0,88269$$

$$P(C) = P(X > 11) = 1 - P(X \le 11) = 1 - \sum\limits_{i=0}^{11} B\left(50; \frac{1}{6}; i\right)$$

$$= 1 - 0,88269 = 0,11731$$

$$P(D) = P(5 \le X \le 11) = \sum\limits_{i=0}^{11} B\left(50; \frac{1}{6}; i\right) - \sum\limits_{i=0}^{4} B\left(50; \frac{1}{6}; i\right)$$

$$= 0,88269 - 0,06431 = 0,81838$$

6   Testen von Hypothesen

Wenn der Anteil p einer bestimmten Merkmalsausprägung der Grundgesamtheit unbekannt ist, man aber bereits eine Vermutung (Hypothese) über die Größe von p hat, dann kann man eine Zufallsstichprobe aus der Grundgesamtheit ziehen, um damit eine Entscheidung über die Hypothese zu treffen. Dieses Vorgehen wird als **Hypothesentest** bezeichnet.

Die zu testende Vermutung über die Größe von p heißt **Nullhypothese H_0**, die Gegenvermutung **Gegenhypothese H_1**.

Abhängig vom Sachkontext verwendet man als Nullhypothese:
- H_0: $p = p_0$ (**einfache** Nullhypothese)
- H_0: $p \leq p_0$ bzw. H_0: $p \geq p_0$ (**zusammengesetzte** Nullhypothese)

Bei **einseitigen** Hypothesentests ist die Gegenhypothese von einer der folgenden Formen:
- H_1: $p < p_0$ (**linksseitiger Test**)
- H_1: $p > p_0$ (**rechtsseitiger Test**)

Jeder Test besteht in der Festlegung eines Zufallsexperiments (Ziehen einer Stichprobe der Länge n). Auf dem Ergebnisraum des Zufallsexperiments definiert man eine **Testgröße T**, die den Stichprobenergebnissen die absolute Häufigkeit der Merkmalsausprägung in der Stichprobe zuordnet. Die Wertemenge der Testgröße ist:
$\Omega = \{0; 1; 2; \ldots; n\}$

Bei allen Testarten müssen vor der Erhebung der Stichprobe der **Annahmebereich $A \subseteq \Omega$** und der **Ablehnungsbereich $\overline{A} = \Omega \setminus A$** für die Nullhypothese festgelegt werden.

Die Vorgabe des Annahme- und des Ablehnungsbereichs führt zu folgender **Entscheidungsregel**:
- Wenn T einen Wert im Annahmebereich A annimmt, dann wird die Nullhypothese angenommen.
- Wenn T einen Wert im Ablehnungsbereich $\overline{A}$ annimmt, dann wird die Nullhypothese abgelehnt.

Bei einem einseitigen Test werden der Annahme- und der Ablehnungsbereich durch eine **kritische Zahl** $k \in \Omega = \{0; 1; 2; \ldots; n\}$ getrennt. Für einen linksseitigen Test ergibt sich der Ablehnungsbereich $\overline{A} = \{0; 1; 2; \ldots; k\}$ und für einen rechtsseitigen Test $\overline{A} = \{k+1; \ldots; n\}$.

Übersichtstabelle für einen **linksseitigen Test**:

Nullhypothese	Gegenhypothese
$H_0: p = p_0$ (oder $H_0: p \geq p_0$)	$H_1: p < p_0$
Annahmebereich von H_0: $A = \{k+1; \ldots; n\}, k \in \mathbb{N}_0$	Ablehnungsbereich von H_0: $\overline{A} = \{0; 1; 2; \ldots; k\}, k \in \mathbb{N}_0$

Übersichtstabelle für einen **rechtsseitigen Test**:

Nullhypothese	Gegenhypothese
$H_0: p = p_0$ (oder $H_0: p \leq p_0$)	$H_1: p > p_0$
Annahmebereich von H_0: $A = \{0; 1; 2; \ldots; k\}, k \in \mathbb{N}_0$	Ablehnungsbereich von H_0: $\overline{A} = \{k+1; \ldots; n\}, k \in \mathbb{N}_0$

Fehlerarten

Da das Ergebnis der Stichprobe vom Zufall abhängt, ist auch die Entscheidung, ob die Nullhypothese abzulehnen ist, zufallsbedingt. Dabei treten folgende Fehlerarten und richtige Entscheidungen auf.

	Entscheidung aufgrund der Stichprobe	
wirklicher Sachverhalt	H_0 wird **nicht** abgelehnt	H_0 wird abgelehnt
H_0 trifft zu	richtige Entscheidung	falsche Entscheidung (Fehler 1. Art)
H_0 trifft nicht zu (H_1 trifft zu)	falsche Entscheidung (Fehler 2. Art)	richtige Entscheidung

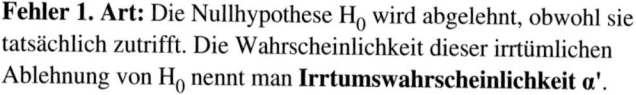

Fehler 1. Art: Die Nullhypothese H_0 wird abgelehnt, obwohl sie tatsächlich zutrifft. Die Wahrscheinlichkeit dieser irrtümlichen Ablehnung von H_0 nennt man **Irrtumswahrscheinlichkeit α'**.

Fehler 2. Art: Die Nullhypothese H_0 wird angenommen, obwohl sie tatsächlich falsch ist. Die Wahrscheinlichkeit dieser irrtümlichen Annahme von H_0 nennt man **Irrtumswahrscheinlichkeit β'**.

Bemerkung: Die Testgröße T ist unter der Annahme, die Nullhypothese H_0 sei richtig, nach $B(n; p_0)$ binomialverteilt. Damit kann man die Irrtumswahrscheinlichkeit α' für den Fehler 1. Art berechnen. Bei einem einseitigen Test mit Stichprobenlänge n und kritischer Zahl k gilt:

Linksseitiger Test: $\quad \alpha' = P(\overline{A}) = P(T \leq k) = \sum_{i=0}^{k} B(n; p_0; i)$

Rechtsseitiger Test: $\quad \alpha' = P(\overline{A}) = P(T \geq k+1) = 1 - \sum_{i=0}^{k} B(n; p_0; i)$

Je größer der Ablehnungsbereich $\overline{A}$ ist, desto größer ist die Irrtumswahrscheinlichkeit α' für den Fehler 1. Art.

Einseitige Signifikanztests

Bei einem **Signifikanztest** beschränkt man die Irrtumswahrscheinlichkeit $\alpha' = P(\overline{A})$ durch einen maximalen Wert.

Diese maximale Irrtumswahrscheinlichkeit für den Fehler 1. Art heißt **Signifikanzniveau** α des Signifikanztests.

Bemerkungen:
- Durch das Signifikanzniveau α wird der maximale Ablehnungsbereich bestimmt.
- In der Regel wird $\alpha = 5\%$ festgelegt, in besonderen Fällen $\alpha = 1\%$ (hochsignifikanter Test).

Vorgehensweise bei der Konstruktion einseitiger Signifikanztests

Schritt 1: Festlegen der $B(n; p)$-verteilten Testgröße T (Anzahl der Treffer in der Stichprobe der Länge n). Entscheiden, ob ein linksseitiger oder rechtsseitiger Test vorliegt, und Wählen des Signifikanzniveaus α (ist vorgegeben!).

Schritt 2: Formulieren der Nullhypothese H_0 und der Gegenhypothese H_1 sowie Aufstellen der Übersichtstabelle (vgl. Seite 74).

Schritt 3: Bestimmen der kritischen Zahl k zur Festlegung des maximalen Ablehnungsbereichs $\overline{A}$ durch die Bedingung $P(\overline{A}) \leq \alpha$.

Linksseitiger Test: $\quad P(T \leq k) \leq \alpha \quad \Leftrightarrow \quad \sum_{i=0}^{k} B(n; p_0; i) \leq \alpha$

Rechtsseitiger Test: $\quad P(T \geq k+1) \leq \alpha \quad \Leftrightarrow \quad 1 - \sum_{i=0}^{k} B(n; p_0; i) \leq \alpha$

 1. Ein Glücksrad besteht aus einer Kreisscheibe, die in 10 gleich große Sektoren eingeteilt ist. Die einzelnen Felder sind in abwechselnder Reihenfolge schwarz und weiß. Wenn die rotierende Scheibe stehen bleibt, zeigt eine Marke entweder auf einen schwarzen oder einen weißen Sektor.

Ein Spieler hegt den Verdacht, dass die weißen Sektoren öfter auftreten (Gegenhypothese). Um die Laplace-Eigenschaft des Glücksrades zu überprüfen, wird das Rad 100-mal gedreht.

- Bestimmen Sie den maximalen Ablehnungsbereich für die Nullhypothese $H_0: p = \frac{1}{2}$ auf dem 5 %-Niveau.

  Schritt 1:

  Testgröße T: Anzahl der weißen Sektoren bei $n = 100$ Drehungen

  T ist eine $B\left(100; \frac{1}{2}\right)$-verteilte Zufallsgröße.

  Testart: rechtsseitiger Signifikanztest

  Signifikanzniveau: $\alpha = 5\,\%$

  Schritt 2:

Nullhypothese	Gegenhypothese
$H_0: p = \frac{1}{2}$	$H_1: p > \frac{1}{2}$
Annahmebereich von H_0: $A = \{0; 1; 2; \ldots; k\}$	Ablehnungsbereich von H_0: $\overline{A} = \{k+1; \ldots; 100\}$

Schritt 3:

Bedingung für den Randwert k:

$$P(T \geq k+1) \leq 0,05 \quad \Leftrightarrow \quad 1 - P(T \leq k) \leq 0,05$$
$$\Leftrightarrow \quad P(T \leq k) \geq 0,95$$
$$\Leftrightarrow \quad \sum_{i=0}^{k} B\left(100; \tfrac{1}{2}; i\right) \geq 0,95$$

Mithilfe des Tafelwerks zur Stochastik ergibt sich die kritische Zahl $k = 58$.

Maximaler Ablehnungsbereich von H_0:

$\overline{A} = \{59; 60; \dots; 100\}$

(Minimaler Annahmebereich von H_0:

$A = \{0; 1; \dots; 58\}$)

- Welche Entscheidung liegt nahe, wenn die Marke 55-mal auf den weißen Sektor zeigt?

Wegen $55 \in A$ wird die Nullhypothese H_0 aufgrund dieser Stichprobe auf dem 5 %-Signifikanzniveau nicht abgelehnt.

- Erläutern Sie, worin im vorliegenden Fall der Fehler 2. Art besteht.

Der Fehler 2. Art besteht bei diesem Test darin, dass die Nullhypothese H_0 angenommen wird, obwohl sie falsch ist, d. h., dass man annimmt, dass ein Laplace-Glücksrad vorliegt, obwohl die Wahrscheinlichkeit für das Auftreten der weißen Sektoren mehr als 50 % beträgt.

2. Ein Würfel in Tetraeder-Form trägt auf den Seitenflächen die Ziffern 1, 2, 3 und 4. Als Ergebnis eines Wurfes zählt die Augenzahl der Fläche, auf die das Tetraeder fällt. Ein Spieler vermutet, dass die Ziffer 4 seltener auftritt als bei einem Laplace-Tetraeder. Um seinen Verdacht zu bestätigen, führt er einen Test mit 200 Würfen durch.

Geben Sie zu diesem Test die Testgröße sowie die Nullhypothese an und bestimmen Sie auf dem 5 %-Niveau den maximalen Ablehnungsbereich der Nullhypothese.

Schritt 1:

Testgröße T: Anzahl der Augenzahl 4 bei $n = 200$ Würfen

T ist eine $B\left(200; \frac{1}{4}\right)$-verteilte Zufallsgröße.

Testart: linksseitiger Signifikanztest
Signifikanzniveau: $\alpha = 5\,\%$

Schritt 2:

Nullhypothese	Gegenhypothese
$H_0: p = \frac{1}{4}$	$H_1: p < \frac{1}{4}$
Annahmebereich von H_0: $A = \{k+1; \ldots; 200\}$	Ablehnungsbereich von H_0: $\overline{A} = \{0; 1; \ldots; k\}$

Schritt 3:

Bedingung für den Randwert k:

$P(T \leq k) \leq 0{,}05$

$$P(T \leq k) = \sum_{i=0}^{k} B(200; \tfrac{1}{4}; i) \leq 0{,}05$$

Mithilfe des Tafelwerks zur Stochastik ergibt sich die kritische Zahl $k = 39$.

Maximaler Ablehnungsbereich von H_0:

$\overline{A} = \{0; 1; \ldots; 38; 39\}$

Stichwortverzeichnis

Analysis

Ableitung 13
Achsensymmetrie
 zur y-Achse 1, 8
Aufstellen von ganzrationalen
 Funktionen („Steckbrief-
 aufgaben") 27 ff.

Differenzierbarkeit 13
Diskriminante 1

Exponentialfunktion 32 ff.
Exponentialgleichung 32 f.
Extrempunkt/-stelle 20 f.

Flächenbilanz 43
Flächeninhalt 42 ff.
Funktion
– biquadratische 7, 11
– ganzrationale 3. und
 4. Grades 7 ff.
– quadratische 1 f.
– quadratische mit Parameter 5 f.

Gleichung
– biquadratische 11
– quadratische 1

Hochpunkt 18, 20

Integral
– bestimmtes 42 ff.
– unbestimmtes 40 f.
Integrationsregeln 40

Krümmung 22 f.

Logarithmus 32 f.
Leitkoeffizient 7

Maximum 20
Minimum 20
Monotonie 16 f.

Nullstelle 2, 9 ff., 35

Parameter 5 f., 14, 41
Polynom n-ten Grades 7
Polynomdivision 10
Punktsymmetrie zum
 Ursprung 8

Satz vom Nullprodukt
 (Nullproduktregel) 9
Stammfunktion 40 f.
Steigung eines Graphen 13
Steilste Stelle 26
Substitutionsverfahren 11 f.
Symmetrieverhalten 1, 8

Tangentengleichung 15
Terrassenpunkt/-stelle 18, 24
Tiefpunkt 18, 20

Ungleichung (quadratische) 3 ff.

Waagrechtpunkt/-stelle 17 ff.
Wendepunkt/-stelle 24 ff.
Wendetangente 24

Zerlegen in Linearfak-
 toren 2, 3, 11, 12

Stochastik

Ablehnungsbereich 74
Additionsregel (2. Pfadregel) 52
Additionssatz für unvereinbare
  Ereignisse 50, 55
Allgemeines Zählprinzip 59
Annahmebereich 74

Baumdiagramm 46 f., 51 ff., 56 f.
Bedingte Wahrscheinlichkeit
  56 f.
Bernoulli-Experiment 62 ff.
Bernoulli-Formel 62 ff.
Bernoulli-Kette 62 ff.
Binomialkoeffizient 60 f.
Binomialverteilung 69 ff.

Elementarereignis 47
Entscheidungsregel 73
Ereignis 47 ff.
Ergebnis 46 f.
Ergebnisraum 46 f.
Erwartungswert 67 ff., 70

Faires Spiel 67
Fakultät 60
Fehler 1. und 2. Art 74 f.

Gegenereignisregel 50
Gesetz von de Morgan 49, 53

Histogramm 65, 66, 71

Irrtumswahrscheinlichkeit 74 f.

Kombinatorik 59 ff.

Laplace-Experiment 51
Laplace-Regel 51

Maßzahlen von
  Zufallsgrößen 67 ff.
Multiplikationsregel
  (1. Pfadregel) 52

Normierungsbedingung 65
Nullhypothese 73

Pfadregeln 51 ff.

Satz von Sylvester 50, 55
Signifikanzniveau 75
Signifikanztest 75
Standardabweichung
– einer Zufallsgröße 67 ff.
– um den Erwartungswert 68 f.

Tafelwerk 71 f.
Testen von Hypothesen 73 ff.

Unabhängigkeit von
  Ereignissen 58
Unvereinbar 48, 58
Urnenmodell
– Ziehen mit Zurücklegen 47
– Ziehen ohne Zurücklegen
  52 ff., 61

Varianz 67 ff., 70
Verknüpfen von Ereignissen 48 f.
Verzweigungsregel 52
Vierfeldertafel 48 f., 54 f., 58

Wahrscheinlichkeit 50 ff.
Wahrscheinlichkeitsverteilung 65

Zufallsexperiment 46 ff.
Zufallsgröße 65, 69